SAMUEL PAGÁN

PABLO

el apóstol en su contexto

Pablo: el apóstol en su contexto

Publicado por Editorial Patmos,
Miramar, FL 33025

Revisado por Abigail Bogarin
Diseño de portada e interior por Elisangela Santos

ISBN: 978-1-64691-233-9
eISBN: 978-1-64691-234-6

Categoría: Estudio bíblico

Impreso en Colombia | Printed in Colombia

DEDICATORIA

Dedico este libro sobre el apóstol Pablo a las nuevas generaciones, en las cuales incluyo a mis nietos. A los jóvenes interesados en estudiar con profundidad la vida de una persona ejemplar.

Confío que este nuevo libro los oriente y desafíe a estudiar, comprender, disfrutar y compartir las enseñanzas de un verdadero apóstol.

PREFACIO

Por la ternura y la bondad de Cristo, yo, Pablo, apelo a ustedes personalmente; yo mismo que, según dicen, soy tímido cuando me encuentro cara a cara con ustedes pero atrevido cuando estoy lejos. Les ruego que cuando vaya no tenga que ser tan atrevido como me he propuesto ser con algunos que opinan que vivimos según criterios meramente humanos, pues aunque vivimos en el mundo, no libramos batallas como lo hace el mundo. Las armas con que luchamos no son del mundo, sino que tienen el poder divino para derribar fortalezas. Destruimos argumentos y toda altivez que se levanta contra el conocimiento de Dios, y llevamos cautivo todo pensamiento para que se someta a Cristo.

2 Corintios 10.1-5 NIV

Un nuevo libro sobre el apóstol Pablo

Una vez más exploramos los textos bíblicos para descubrir y disfrutar sus enseñanzas, para analizar y reflexionar en torno a sus teologías, y para identificar y compartir sus mensajes transformadores contemporáneos. En esta ocasión, el tema es el apóstol Pablo, que ciertamente juega un papel protagónico en los inicios del cristianismo. La literatura paulina ha contribuido de manera destacada en la historia de las iglesias, en el desarrollo del pensamiento cristiano y en la articulación de las teologías neotestamentarias.

Desde su conversión, el joven Saulo, que posteriormente se identifica con su nombre griego Pablo, ha marcado indeleblemente la vida de los creyentes en Cristo y el ministerio de las comunidades de fe. A través de la historia, el señorío de Jesucristo se ha proclamado en los escritos del Nuevo Testamento en general, y en las cartas asociadas al apóstol Pablo en particular. Esas enseñanzas paulinas a las iglesias neotestamentarias se convirtieron en literatura indispensable, no solo para articular la fe cristiana de manera fiel, pertinente y contextual, sino para comprender la vida de las iglesias nacientes en el primer siglo de la era cristiana.

Para comprender mejor la vida, el pensamiento, las enseñanzas, las teologías y las implicaciones del mensaje paulino, debemos leer con detenimiento la literatura primaria asociada al apóstol, como el libro de los Hechos de los apóstoles y las cartas tradicionalmente asociadas a Pablo. Además, es importante evaluar los diversos contextos personales, familiares, religiosos, políticos y culturales que enmarcan sus pensamientos y su literatura.

El mundo del apóstol

El apóstol Pablo nació en un hogar judío, siendo ciudadano romano de nacimiento. La experiencia religiosa y el trabajo eran componentes básicos en la práctica educativa de Pablo. El hogar de Pablo era conservador y tradicional como el de un judío fariseo de la Dispersión. Como trabajador en la industria de la construcción y reparación de tiendas de campaña, Pablo viajó por el mundo de su época.

Pablo se educó en un mundo complejo, en el cual se manifestaban y convivían diversas dinámicas sociales y espirituales de su época. Tarso fue un importante centro cultural, especialmente en el área de la filosofía. La infraestructura cultural que enmarcó la vida y el pensamiento paulino es la romana, que heredó el mundo filosófico y administrativo de la previa administración griega. El Imperio romano es el que gobierna la región en la época de Jesús y Pablo, y ese mundo de ideas, políticas, milicias, administración y vida es el que influye en el pensamiento, la teología y la literatura que con el tiempo articuló el apóstol. Ese singular mundo romano estaba seriamente influenciado por la filosofía griega.

Una nueva mirada al apóstol

El propósito de este libro referente a Pablo es revisar nuevamente la vida, el pensamiento y la literatura paulina, para identificar y descubrir las implicaciones de sus enseñanzas para la sociedad postmoderna del siglo 21. La finalidad de esta obra es revisar nuevamente las diversas dinámicas que afectaron la vida y el pensamiento del llamado apóstol a los gentiles. El objetivo de nuestro estudio es mirar con ojos contemporáneos el mundo y las teologías de Pablo, para identificar las enseñanzas que pueden influir fuertemente a las nuevas generaciones.

Una vez más estudiamos a Pablo, no solo para repetir enseñanzas tradicionales, que ciertamente pueden ser buenas y apreciadas, sino para explorar cómo esas recomendaciones del sabio apóstol, tienen relevancia en medio de las complejas sociedades contemporáneas que nos han tocado vivir. Miraremos a Pablo con ojos postmodernos y contextuales.

Los posibles usos de este nuevo libro sobre Pablo son varios. En primer lugar, deseo llegar a las iglesias locales. Como utilizo un idioma no técnico en la redacción, se puede usar esta obra en los estudios bíblicos de las congregaciones, en las devociones privadas de creyentes maduros y nuevos convertidos, y en el desarrollo de series de estudios y sermones. Además, como se incluye una bibliografía importante y mayormente contemporánea sobre el apóstol, esta obra puede servir para iniciar a estudiantes universitarios y seminaristas en el estudio del extraordinario mundo del apóstol Pablo.

Gratitudes

Este libro sobre Pablo ha estado en mi corazón desde mis primeros años como seminarista en Puerto Rico. Temprano en la década de los setenta, mientras estudiaba el Nuevo Testamento en el Seminario Evangélico de Puerto Rico, descubrí la importancia de los contextos para la comprensión adecuada de la literatura bíblica. Mi comprensión de esa metodología básica de estudios bíblicos se pulió posteriormente en el Seminario Teológico de Princeton y también en la escuela rabínica y graduada del Seminario Teológico Judío.

Posteriormente, en la Universidad de Texas, descubrí que tanto los contextos lingüísticos, juntamente con el cultural, político, social y religioso, son imprescindibles para el estudio profundo de las Sagradas Escrituras. A esas experiencias académicas en instituciones de educación superior, debo sumar los cursos que tomé en el Centro de Estudios Avanzados en Tantur, Jerusalén, y los programas que he dirigido en la Tierra Santa. Esas vivencias académicas me han permitido estudiar explícitamente y a la vez disfrutar de la literatura paulina.

De singular importancia en mis estudios de la literatura paulina, está el ministerio pastoral que desempeño. Por cinco décadas me he dedicado a escribir, predicar y enseñar sobre la vida y las enseñanzas de Pablo en diversas congregaciones. Y para transmitir adecuadamente esas enseñanzas apostólicas, hay que estudiar continuamente el pensamiento del apóstol, además de reflexionar en las ideas de otros autores sobre Pablo. Ese mundo pastoral, de homilética bíblica, literario y educativo requiere la actualización continua de los temas asociados al apóstol Pablo.

Mi primera expresión de gratitud es a todos mis maestros de Biblia en esas instituciones de educación superior. Ese ambiente académico moldeó mis estudios, pensamientos, metodologías, teologías y enseñanzas. Muchas gracias a todos ustedes por las importantes contribuciones en mi formación teológica y pastoral.

Debo señalar, además, que el mundo de la traducción de la Biblia ha sido una escuela extraordinaria en mi vida, ministerio y pensamiento. Desde mediados de los años ochenta del siglo pasado, he participado en muchos proyectos de traducción bíblica. La práctica de la traducción de las Escrituras se convierte en un ambiente pedagógico continuo, en el cual se aprende de otros colegas de culturas diferentes que hablan diversos idiomas. Gracias a las Saciedades Bíblicas Unidas y la Sociedad Bíblica Internacional por propiciar esos ambientes educativos y profesionales que me permitieron crecer y disfrutar el mensaje divino. Muchas gracias, colegas, amistades de EUA, AL, el Caribe, Europa, África, y Oriente Medio y Lejano.

Finalmente, debo agradecer a mi familia. Mi abuela Consuelo me enseñó la importancia de la Biblia; mis padres, Luis e Ida, compartieron el mensaje bíblico en el hogar; mis hijos, Samuel (y su esposa Yasmín) y Luis Daniel (y su esposa Ileana) vivieron conmigo la pertinencia de las Escrituras en sus hogares; y mis nietos, Samuel Andrés, Ian Gabriel y Mateo Alejandro, y mi nieta Natallie, ellos pertenecen a la generación que quiero influenciar con este nuevo libro. Y a Nohemí, mi esposa, un agradecimiento especial por vivir conmigo diariamente el evangelio de Jesucristo y las enseñanzas de Pablo.

Gracias, muchas gracias, muchas veces...

La conversión de San Pablo

Y para finalizar este prefacio, comparto con ustedes el siguiente poema, que describe la conversión del sabio apóstol Pablo:

Conversión de San Pablo (Hch 22.3)

- Me estabas esperando
en la última curva del camino,
y mi atraco tramando
con zarpazo felino;
¡el más perfecto atraco a lo divino!

- Me derribaste luego
de mi duro soberbio judaísmo,
y me dejaste ciego;
tu luz fue el exorcismo
que exorcizó lo oscuro de mí mismo.

- "Dime quién eres"
cómo se llama el que a Saulo ha vencido;
y dime lo que quieres
-salteador fingido-
que con astucia tal me has sorprendido.

- "Soy Jesús Nazareno,
el mismo a quien persigues tú, sañudo;"
en ti mi gracia estreno,
no seas testarudo
y deja que mi gracia sea tu escudo.

- Señor, cuenta conmigo,
que, en adelante, haré lo que tú digas
como el mejor amigo;
quiero que me persigas
hasta hacerme uno en ti, y lo consigas.
José Luis Martínez

ÍNDICE

INTRODUCCIÓN

En otro tiempo ustedes, por su actitud y sus malas acciones, estaban alejados de Dios y eran sus enemigos. Pero ahora Dios, a fin de presentarlos santos, intachables e irreprochables delante de él, los ha reconciliado en el cuerpo mortal de Cristo mediante su muerte, con tal de que se mantengan firmes en la fe, bien cimentados y estables, sin abandonar la esperanza que ofrece el evangelio. Este es el evangelio que ustedes oyeron y que ha sido proclamado en toda la creación debajo del cielo, y del que yo, Pablo, he llegado a ser servidor.

Colosenses 1.21-23 NVI

Documentos fundamentales

El estudio adecuado de figuras históricas de importancia requiere análisis de fuentes confiables y disponibles. Esas fuentes, en el caso de personajes vivos, personas con las cuales se relacionaron, las entrevistas y los diálogos con esos testigos de su vida, acciones e importancia, son indispensables e insustituibles. Cuando el personaje es histórico y antiguo, o cuando no existen testigos que puedan corroborar las percepciones comunes de sus contribuciones y acciones, las fuentes primarias son literarias. Y en ese caso de fuentes literarias, es menester identificar la literatura disponible y confiable para hacer los análisis adecuados y pertinentes.

El estudio de la vida y las enseñanzas del apóstol Pablo se fundamenta en la literatura. Se basa en el análisis de las fuentes neotestamentarias, que nos permiten estudiar la vida, las experiencias educativas y religiosas, la conversión y transformación, los viajes misioneros, las enseñanzas a las iglesias, las recomendaciones a líderes eclesiásticos, y las reflexiones teológicas y administrativas. Y la evaluación atenta de esas fuentes antiguas debe ubicarse en sus contextos históricos, literarios, culturales, religiosos y teológicos.

Las fuentes primarias para estudiar a Pablo son primordialmente dos: el libro de los Hechos de los apóstoles y las cartas apostólicas asociadas a su ministerio que se incluyen en el Nuevo Testamento. A esas fuentes primarias debemos añadir la literatura que nos permite comprender las dinámicas históricas, culturales y religiosas que constituyen el marco de referencia de la vida y el ministerio del llamado apóstol a los gentiles.

Hechos de los apóstoles

El libro de los Hechos de los apóstoles es la continuación del Evangelio de Lucas. Mientras que en el evangelio se destacan los dichos y las enseñanzas de Jesús de Nazaret (Hch 1.1), en el libro de los Hechos el evangelista afirma que, luego de la muerte, resurrección y ascensión de Cristo, la intervención divina en la historia humana no había finalizado. Según los relatos de Lucas en los Hechos, Dios escogió apóstoles, diáconos y líderes para continuar las enseñanzas de Jesús y para aplicarlas a las nuevas realidades que vivían las iglesias incipientes y sus líderes.

Entre el grupo de líderes que continuaron la labor misionera de Jesús, se encuentra el apóstol Pablo. Su nombre original es Saulo, que delata su trasfondo judío. Su experiencia de conversión a la fe cristiana se relata reiteradamente en los Hechos (Hch 9.1-19; 22.6-16; 26.12-18). Pablo fue escogido por Dios, según las narraciones bíblicas, para dar testimonio de la presencia activa y liberadora de Cristo a través de las manifestaciones del Espíritu Santo. En cuanto a las enseñanzas apostólicas, en la vida, el ministerio, el sacrificio y la resurrección de Jesús, Dios cumplió sus promesas al pueblo de Israel. Y en esas enseñanzas se incluyó la institución del nuevo pueblo de Dios, que supera los límites geográficos, étnicos, culturales y lingüísticos.

Las contribuciones de Pablo a la vida de las iglesias se ubican en el contexto general de los temas que Lucas busca destacar en su escrito. Y entre los asuntos y las afirmaciones teológicas de importancia que el libro de los Hechos quiere afirmar están los siguientes:

- Se declara con firmeza que Dios es fiel a las promesas a su pueblo Israel a través de los profetas en el Antiguo Testamento (Hch 2.3, 16-35).

- Se destacan las reiteradas intervenciones y manifestaciones del Espíritu Santo en medio de la tarea misionera y educativa de las iglesias (Hch 2.1-3; 2.38-39; 10.44-48).
- Se revela el anhelo de Lucas de distinguir las actividades pastorales de Pedro (Hch 2.14-36; 3.12-26; 4.8-12; 5.29-32; 10.34-43).
- Se declara que ningún poder humano puede detener el avance de la predicación del evangelio, ya que los líderes cristianos están dispuestos a enfrentar a las autoridades y hasta la muerte por ser fiel a las enseñanzas de Jesús el Cristo (Hch 4.18-20; 5.17-42; 7.57-58; 8.1-4; 9.23; 12.1-19; 21.27-28).
- Se afirma la teología y los programas misioneros de Pablo porque el libro de los Hechos afirma que el evangelio de Jesucristo no es solamente para la comunidad judía, sino que llega con poder a grupos gentiles y a todas las naciones (Hch 1.8). Además, indica que esa propagación a las naciones de las enseñanzas de Jesús son parte de la voluntad de Dios para la humanidad (Hch 10.15, 34-35,47; 15.7-11), ya que el pueblo judío rechazó el ministerio del Señor (Hch 7.51-53; 13.46; 28.25-29).
- Se presenta la conversión de Saulo, se destaca su labor misionera, especialmente en las comunidades gentiles, y se subraya su labor de orientación teológica, educativa, administrativa y pastoral con las iglesias y sus líderes (Hch 13.16-41; 14.15-17; 17.22-31).

Al estudiar el libro de los Hechos es importante notar la estructura de la obra. Luego de la introducción general del libro (Hch 1.1-26), las primeras dos secciones (que son como como una tercera parte de la obra) presenta la predicación del evangelio en Jerusalén (Hch 2.1—8.3) y en Judea y Samaria (Hch 8.4—9.43). El resto de la obra de Lucas se dedica a la predicación del evangelio a las comunidades gentiles, y en esta sección se destacan las continuas labores misioneras del apóstol Pablo (Hch 10.1—28.31).

Cartas paulinas

La lectura cuidadosa del Nuevo Testamento claramente manifiesta que las cartas representan una sección de gran importancia de esa literatura eclesiástica. A diferencia del Antiguo Testamento, en el Nuevo las epístolas juegan un papel protagónico en la comunicación del evangelio, la educación cristiana, las reflexiones teológicas y las afirmaciones cristológicas. Este tipo de literatura, muy popular en el primer siglo de la iglesia, responde a necesidades reales e inmediatas de las incipientes y diversas comunidades de fe.

Las cartas de Pablo, y también las de los otros apóstoles, fueron escritas en respuesta a las necesidades concretas de las congregaciones, que crecían rápidamente y enfrentaban desafíos temibles en medio de ambientes generalmente hostiles. Las incipientes comunidades de fe cristianas debían responder a adversidades continuas que, en muchas ocasiones, se originaban en las dinámicas asociadas a las políticas del Imperio romano o por las respuestas de los diversos grupos judíos al rápido crecimiento de las iglesias.

En la historia de la iglesia se pueden identificar varias etapas en los procesos de comunicación del evangelio. En primer lugar, las predicaciones y las enseñanzas de la nueva fe cristiana se fundamentaban en la oralidad. Los recuerdos y la memorización de discursos, oraciones, parábolas y relatos de milagros, entre otros temas, fueron determinantes en la época después de la crucifixión y resurrección de Cristo. Fundamentados en esos recuerdos y relatos orales, los evangelistas, maestros y apóstoles cristianos presentaron el evangelio tanto a las comunidades judías como a los grupos gentiles.

Con el paso del tiempo, sin embargo, los líderes cristianos se percataron de la necesidad e importancia de la redacción de los discursos y las memorias de las enseñanzas de Jesús. De ese proceso de reflexión surgen los evangelios canónicos y el resto de la literatura neotestamentaria. Las cartas de Pablo, por ejemplo, surgen a mediados del siglo primero de la iglesia, para traducir el mensaje de Jesús en enseñanzas específicas y en formas literarias. La finalidad era ayudar al liderato de las comunidades de fe a entender la especial naturaleza de la revelación de Dios en Jesucristo y responder de forma inteligente a las adversidades diarias de los creyentes y las iglesias. Y esos problemas eran, entre otros, de naturaleza espiritual, social, interpersonal, administrativa doctrinal, política, religiosa y teológica.

Las cartas de Pablo generalmente tenían una estructura definida, compuesta de un saludo, junto a algunas acciones de gracias, el cuerpo o contenido fundamental de las enseñanzas apostólicas, y para finalizar una despedida. Esas cartas no eran rigurosamente comunicaciones privadas, aunque en ocasiones se dirigían a personas específicas (p.ej., a Filemón, Tito o Timoteo).

Esencialmente las cartas de Pablo eran respuestas concretas a peticiones, inquietudes, problemas, desafíos, necesidades o aspiraciones de las congregaciones locales. El orden en el que se disponen en el canon tradicional del Nuevo Testamento no es cronológico, ya que se agrupan de acuerdo con la extensión del documento. En primer lugar, se incluyen las comunicaciones más extensas, y en orden decreciente se llega hasta las más cortas. La disposición del resto de las cartas del Nuevo Testamento (Hebreos, Santiago, Pedro, Juan y Judas), no parece seguir los criterios de extensión de la literatura paulina.

El orden cronológico de las cartas asociadas al apóstol Pablo, puede ser el siguiente:

- 1 Tesalonicenses (50-51 d.C.)
- 2 Tesalonicenses (50-51 d.C.; algunos estudiosos ubican esta carta en una época posterior)
- Gálatas (55-57 d.C.)
- 1 Corintios (55-57 d.C.)
- 2 Corintios (55.57 d.C.)
- Romanos (55.57 d.C.)
- Filipenses (60-62 d.C.)
- Filemón (60-62 d.C.)
- De acuerdo con algunos estudiosos aquí debería estar 2 Tesalonicenses (60-62 d.C.)
- Colosenses (60-62 d.C.)
- Efesios (60-62 d.C.)
- 1 Timoteo (64-65 d.C.)
- Tito (64-65 d.C.)
- 2 Timoteo (64-65 d.C.)

La lectura de esta literatura epistolar asociada a Pablo revela su noción sobre: teologías, comprensiones del evangelio, análisis del ministerio de Jesucristo, respuesta a los desafíos que presentaban a las iglesias las políticas del imperio romano, actitudes de los líderes y las comunidades judías, y dinámicas interculturales relacionadas con la incorporación de las comunidades gentiles a las iglesias de trasfondo judío. Además, las cartas destacan las fuerzas familiares, sociales, religiosas y políticas que moldearon la vida y el pensamiento del apóstol.

Notas biográficas

El nombre propio de Pablo es Saulo, en referencia al primer rey de Israel, y resalta el nacionalismo y la afirmación judía en la familia del apóstol. Oriundo de Tarso, entre los años 4 y 15 del primer siglo cristiano, y murió posiblemente en Roma entre los años 64-68 d.C. La evaluación de su vida, de acuerdo con los documentos disponibles, revela un cambio de vida fundamental, al convertirse de un perseguidor acérrimo de los creyentes en Cristo y las iglesias, a un seguidor fiel de las enseñanzas de Jesucristo. Esa transformación ubicó al apóstol en el corazón mismo del movimiento misionero cristiano.

Por sus viajes misioneros y sus cartas, Pablo fue responsable de la predicación del evangelio en la antigua Palestina, Siria, Asia Menor y Grecia; inclusive, llegó hasta la ciudad de Roma, corazón político, administrativo y militar del imperio. Y su énfasis teológico se concentró en la predicación del evangelio a las comunidades no judías o paganas, por lo que con el tiempo fue identificado como el apóstol de los gentiles.

Tarso o Tarsis

La familia de Saulo era judía con muy buena posición social y económica. Creció en ese ambiente religioso y tradicional, relacionado con el fariseísmo y se dedicó a las labores de artesanía de la familia.

La ciudad de Tarsis o Tarso estaba ubicada a las orillas del mar Mediterráneo, en la región sur central de la actual Turquía, y era parte de una especie de encrucijada, donde se unían varias rutas comerciales de importancia en la antigüedad. Además, en la época de Pompeyo (57 a.C.), la ciudad se convirtió en la capital de la provincia romana de Cilicia, y por su importancia comercial y económica, los judíos de la ciudad pudieron recibir la ciudadanía romana.

Los beneficios y privilegios a la ciudad continuaron en la época de Augusto, que le concedió el privilegio fiscal de exención contributiva ante el imperio romano. Y con el tiempo, Tarsis se convirtió en un importante centro intelectual en la región, pues varios filósofos estoicos se incorporaron a esa comunidad en el primer siglo de la iglesia cristiana. Se cree, además, que Cleopatra llegó a la ciudad en su famoso viaje para encontrarse con Marco Antonio (41 a.C.).

El contexto básico familiar y de ciudad de Saulo, propició un buen ambiente intelectual que, unido a su educación judía, lo preparó para opinar y evaluar las realidades sociales, políticas y religiosas con sobriedad, juicio y profundidad. Además, como parte de una familia judía trabajadora y acomodada, en una ciudad próspera, vivió con holgura económica, que le permitía dedicar tiempo de calidad para sus estudios, actividades comerciales, desarrollo intelectual y formación religiosa.

Estudió en Jerusalén y se convirtió en perseguidor

El joven Saulo fue criado en Jerusalén donde cursó sus estudios (Hch 22.3). Su interés primordial era profundizar en el conocimiento y la comprensión del judaísmo. Con esa finalidad, estudió bajo la tutela de Gamaliel, uno de los eruditos judíos más importantes, reconocidos y apreciados de la época, y pudo completar su formación teológica, filosófica, jurídica, comercial y lingüística. Esa experiencia educativa amplia, en el hogar, la sinagoga, la academia en Tarso y la comunidad rabínica en Jerusalén, además de ser ciudadano romano (Hch 16.37; 22.25-28), permitió que Pablo pudiera comunicarse en arameo, griego, latín y hebreo, y moverse con libertad en medio de las culturas griega, romana y judía.

Aunque posiblemente Saulo no vivía en Jerusalén por el año 30 d.C., cuando las autoridades romanas y los líderes judíos crucificaron a Jesús, en el año 36. Sin embargo, en el tiempo que apedrearon a Esteban, Saulo ya estaba en la ciudad y tenía algún tipo de responsabilidad en la comunidad judía. Con la educación farisaica que había recibido, Saulo se constituyó en uno de los líderes opositores del nuevo movimiento religioso, que se fundamentaba en las enseñanzas del rabino galileo ajusticiado en Jerusalén.

Para el judaísmo tradicional, el incipiente grupo cristiano conocido como "los del camino" era herético (Hch 9.2), porque no cumplía debidamente las tradiciones y leyes judías, según las interpretaciones oficiales de los grupos fariseos de Jerusalén. Y en ese singular contexto de ortodoxia radical, Saulo fue testigo y aprobó el martirio de Esteban, ¡y a sus pies quedaron los mantos de quienes apedrearon al primer mártir cristiano!

Esa actitud intransigente de Saulo referente a la religión, unida al crecimiento del grupo de cristianos en Jerusalén y otros lugares del imperio romano, fue el contexto amplio para que las autoridades judías ordenaran al joven judío ortodoxo y celoso de su fe, a proseguir con la búsqueda del incipiente grupo cristiano. Y para detener el avance de los seguidores de Jesús, Saulo decidió salir de Jerusalén, y dirigirse a Damasco a proseguir con la persecución de creyentes en comunidades de leales a Jesús y sus enseñanzas (Hch 7.58; 8.1; 9.1-2; 1.13-14; 1 Ti 1.13).

Camino a Damasco

Mientras Saulo iba camino a Damasco, para continuar el exterminio de las comunidades cristianas, el joven perseguidor tuvo una experiencia singular y transformadora. Este suceso de camino a Damasco, que fue determinante en la vida y la transformación de Saulo a Pablo, el libro de los Hechos presenta tres versiones, para destacar la importancia y las implicaciones del evento (Hch 9.1-19; 22.6-16; 26.12-18; véase también Gá 1.15-16). Según las narraciones bíblicas, el mismo Jesús se le apareció a Saulo en medio del camino, reprochó su conducta impropia e irracional, y lo llamó a proclamar como apóstol a los gentiles y a predicar el evangelio de Jesús

Las narraciones de la conversión de Pablo describen una experiencia religiosa profunda, que ciertamente tiene implicaciones muy serias en la vida y el comportamiento de las personas. La revelación a Pablo, mientras era perseguidor de cristianos, manifiesta el poder transformador de Dios en la figura de Jesucristo. Para el autor del libro de los Hechos, esa experiencia de Pablo no solo representaba un cambio en la vida misma del joven perseguidor, sino que preparaba el camino para el cumplimiento del mandamiento de Jesús. Conforme al testimonio de Lucas, el Señor ordenó a sus discípulos y seguidores a predicar el evangelio "desde Jerusalén hasta lo último de la tierra" (Hch 1.8). Y con la conversión de Pablo, se hacía posible la propagación del mensaje cristiano a las comunidades no judías o gentiles.

Luego de la experiencia de transformación en el camino, Saulo prosiguió su viaje a Damasco (Hch 9.8-19). Una vez en la ciudad, además de recuperar la vista, Pablo dialogó con líderes de la pequeña comunidad de cristianos en ese lugar. Esas conversaciones posiblemente fueron intensas y complejas, que debieron incentivar reflexiones serias sobre toda su vida y educación, en torno a sus decisiones y acciones en los procesos de persecución y asesinato de creyentes, y referente a su futuro. Saulo dejaba de ser un perseguidor de la nueva fe cristiana para convertirse en aliado de los creyentes en Jesucristo.

Luego de pasar un tiempo en la ciudad de Damasco, decide ir al desierto, posiblemente en Arabia (Gá 1.17-21). En ese contexto de soledad y silencio, el joven Saulo reorganizó su vida, pensamiento y prioridades. Luego de ese tiempo de introspección, regresó a Damasco, donde vivió la persecución de un grupo de fanáticos judíos, que trataron de matarlo violentamente. Se salvó porque un grupo de amigos de la comunidad cristiana, lo ayudó a escapar clandestinamente de la ciudad, al bajarle en un canasto por una ventana de la muralla.

De regreso a Jerusalén

Desde Damasco Pablo viajó a Jerusalén, donde estaban los líderes de la iglesia, como Pedro y otros apóstoles. A su regreso, notó que todavía estaban vivos en la comunidad personas que fueron testigos de sus actividades como perseguidor de cristianos, y especialmente recordaban el martirio de Esteban. Posiblemente el apoyo de Bernabé, que quizá era pariente de Pablo, contribuyó para que aceptaran la validez de su testimonio de conversión.

Luego de su estadía en la Ciudad Santa, Pablo regresó un tiempo a su ciudad natal, Tarso, donde vivió y predicó. Posteriormente, como en el año 43 d.C., Bernabé lo fue a buscar para responder a una crisis en Palestina, y juntos fueron a Siria, a la ciudad cosmopolita de Antioquía. Allí había una comunidad creciente de creyentes y en la cual por primera vez se le había dado el nombre de "los del camino", a los grupos cristianos incipientes. El objetivo de estos misioneros era fraternal: llevar apoyo y ayuda a las iglesias y los creyentes en necesidad de esas ciudades.

Viajes misioneros

Esa experiencia de apoyo a las iglesias en medio de crisis, debe haber influenciado la vida y el pensamiento de Pablo, porque luego de esa incursión misionera con Bernabé, su vida tomó un nuevo giro. El joven judío celoso de la Ley y las tradiciones judías, que había participado en los procesos de persecución y asesinato de creyentes en Jesucristo, luego de su conversión y sus experiencias de apoyo a comunidades en necesidad, se convirtió en misionero, en predicador, maestro y apóstol del evangelio.

Referente al apóstol Pablo son dos las contribuciones ministeriales mayores que lo distinguen. La serie de cartas que escribió a diversas congregaciones y creyentes, para responder a preguntas específicas y orientar en torno a problemas concretos, y para educar y afirmar la fe. Además, la otra contribución extraordinaria de Pablo a la historia de la iglesia fueron sus viajes misioneros.

El primer viaje misionero de Pablo, que hizo con Bernabé, comenzó en Chipre en el año 6 d.C. y llegó hasta diversas localidades del Asia Menor, Perge (Panfilia), Antioquía de Pisidia, Listra, Iconio y Derbe de Licaonia (Hch 13.1—14.28). El éxito fue notable, pero no faltaron las dificultades porque en Listra lo apedrearon y dieron por muerto (Hch 14.8-23).

En Chipre, al comienzo mismo de su primer viaje misionero, es donde el apóstol abandona definitivamente su nombre hebreo Saulo, para utilizar el latino, *Paulus*, que posiblemente tenía desde niño como un apellido (Hch 13.4-12). Posiblemente, el cambio de nombre del apóstol responde a su firme anhelo de alcanzar con eficacia a las comunidades griegas y latinas. Y para facilitar su trabajo entre los grupos no judíos, Pablo decidió identificarse desde una perspectiva latina y destacar su ciudadanía romana y comprensión de las culturas griegas y latinas. El joven apóstol descubrió, temprano en su carrera misionera, que su vocación principal era servir a las comunidades gentiles porque él comprendía muy bien la naturaleza del pensamiento y las costumbres judías.

Las enseñanzas del apóstol Pablo salieron del mundo judío tradicional palestino y de la diáspora, para convertirse en una experiencia de vida universal. El mensaje original del joven rabino de la Galilea, que fue crucificado por las autoridades romanas y los líderes judíos, a través de la vida y las acciones de Pablo, se convierten en experiencias de vida transformadoras que llegan "hasta los confines de la tierra" (Hch 1.8).

Desde su primer viaje misionero, Pablo dedicaba tiempo para predicar el evangelio en las sinagogas de las ciudades que visitaba; sin embargo, esos esfuerzos generalmente terminaban en fracasos. Pero esas respuestas de rechazo en las comunidades judías prepararon el camino para su ministerio entre grupos gentiles. Por un lado, los grupos judíos monoteístas no aceptaban el mensaje del evangelio; y del otro, los sectores politeístas de la comunidad respondían con interés a las enseñanzas cristianas y la teología que presentaba el apóstol.

Por los años 49-50 d.C., entre el primer y el segundo viaje misionero, Pablo y Bernabé se quedaron mucho tiempo en Antioquía (Hch 14.24-28). Desde Antioquia ellos salieron a Jerusalén para participar del concilio de los apóstoles en la Ciudad Santa (Hch 15.1-35). El problema para discutir en el concilio era teológico y culturalmente complicado e intenso, por afectar la naturaleza misma de las labores misioneras de Pablo: ¿cuáles van a ser las decisiones y actitudes de las iglesias cristianas ante las respuestas positivas de grupos gentiles a la predicación del evangelio de Jesucristo? El corazón del conflicto era: ¿se exigiría a los nuevos convertidos gentiles cumplir las leyes de los judíos para ser cristianos?

Las intervenciones de Pablo en el concilio fueron determinantes. El éxito en su primer viaje misionero abría una puerta misionera extraordinaria, una oportunidad especial para responder de forma práctica a la comisión de Jesús a sus seguidores, y una manera explícita de cumplir la voluntad de Dios. De acuerdo con el apóstol, que conocía muy bien el mundo social, cultural, teológico y religioso del judaísmo, los nuevos grupos gentiles que llegaban a las iglesias debían tener el mismo respeto por los judíos que ya eran parte de las comunidades de fe cristianas.

Para el apóstol Pablo, la salvación de Jesucristo superaba las barreras étnicas, sociales, políticas, culturales, nacionales, religiosas y de género. Y esas percepciones teológicas del apóstol, referente a la nueva fe cristiana, claramente se destacan en el documento que aprobó el concilio, referente a los conversos gentiles (Hch 15.15.22-35).

Terminado el concilio en Jerusalén, Pablo organiza y comienza su segundo viaje misionero (50-53 d.C.). En esta ocasión llega a las iglesias cristianas de Anatolia, luego de recorrer parte de la región de Galacia y algunas ciudades Asia, y finalmente visita Macedonia y Acaya (Hch 15.36—18.22). En este viaje, la tarea de evangelización más importante se realizó en las ciudades de Filipos, Tesalónica, Berea y Corinto. En Atenas, afligido al ver la idolatría, Pablo pronunció un importante discurso en el Areópago, para refutar la filosofía estoica (Hch 17.16-33).

Es importante resaltar, y asociado a su segundo viaje misionero y las necesidades de las congregaciones, que en esa época Pablo comienza su ministerio epistolar. Durante su estadía en Corinto, estuvo en contacto con Galión, gobernador de la provincia y hermano del filósofo Séneca, escribió 1 Tesalonicenses (y posiblemente también la segunda carta a esa comunidad). Y en esa carta expone el tema de la segunda venida de Cristo, o Parusía, que manifiesta una necesidad teológica y pastoral inmediata en esa iglesia. Además, Pablo explora el tema de la resurrección en la carne, pues luego de dos décadas de la crucifixión y resurrección de Cristo, los creyentes comenzaron a manifestar sus inquietudes teológicas y sus preocupaciones prácticas.

El tercer viaje misionero del apóstol Pablo (53-54-58 d.C.) comienza con sus visitas a las comunidades de Asia Menor, para llegar a Macedonia y Acaya, donde estuvo por unos tres meses (Hch 18.23--20.38). Sin embargo, el centro de su operación apostólica y literaria fue en la gran ciudad de Éfeso (Hch 19.1-40), donde realizó su ministerio por casi tres años. En esta ocasión, su labor fue muy productiva, aunque no podemos ignorar los contratiempos como es el caso del tumulto en la ciudad, provocado por el platero Demetrio, quien acusó a Pablo por el descrédito de su negocio por las ventas de estatuillas de la diosa Artemisa.

Desde la ciudad de Éfeso el apóstol prosiguió su ministerio de orientación y comunicación con las congregaciones. Ese fue el contexto geográfico e histórico de 1 Corintios, donde se responde de manera específica a las interrogantes de una iglesia que vivía y servía en un ambiente cosmopolita, politeísta, frívolo y licencioso.

En el entorno del tercer viaje misionero, además, Pablo escribe cartas desde Éfeso a las iglesias en Galacia y Filipos; y desde Macedonia escribe y envía la segunda Epístola a los corintios. Desde la ciudad de Corinto envía la muy importante carta a los romanos, en la que explora el tema de la relación entre la fe y las obras, y cómo estos temas inciden en la salvación. Además, con esa carta preparaba el camino para su viaje a la capital del imperio.

Viaje final a Roma

Los detalles al final de la vida de Pablo no están tan claros. Luego de su tercer viaje misionero, el apóstol se dirigió a Jerusalén para apoyar personalmente y fiscalmente la iglesia en la Ciudad Santa; sin embargo, las decisiones y acciones del Imperio romano y sus representantes afectaron adversamente sus planes (Hch 22.22-29). En medio de su programa de viajes fue encarcelado y enviado al procónsul romano Félix en Cesarea (Hch 23.23-35), donde permaneció bajo custodia militar por dos años. Posteriormente, las autoridades decidieron trasladarlo a Roma, en medio de un contingente estricto de seguridad (Hch 27.1-7). Y el sistema judicial en Roma, bajo la autoridad del emperador Nerón, lo procesó.

El viaje a Roma estuvo lleno de incidentes y episodios de gran importancia misionera (60-61 d.C.). La embarcación donde Pablo iba prisionero naufragó, pero el apóstol logró salvar su vida (Hch 27.13-44). Posteriormente, fue librado de la muerte, cuando una víbora venenosa en la isla de Malta lo mordió en la mano; sin embargo, el relato bíblico afirma que Pablo superó la crisis mortal sacudiéndose la mano y la serpiente cayó en el fuego y de esa forma se ganó el respeto de los isleños y de sus carceleros (Hch 28.1-10).

Después del incidente en la isla de Malta, el apóstol Pablo vivió en Roma unos dos años (61-63 d.C.). En algunas ocasiones preso y en otras, gozaba de un tipo de libertad condicional, posiblemente en la casa de alguna familia cristiana. Y en medio de esas dinámicas de cautiverio en el corazón del Imperio romano, el apóstol escribió las cartas a las iglesias en Éfeso y Colosas, y la epístola a Filemón.

Una vez Pablo fue sobreseído de las acusaciones, ya que los tribunales romanos ninguna causa digna de muerte hallaron contra él, prosiguió con su ministerio apostólico (Hch 28.1-25). La información de sus actividades luego de su liberación en Roma no es mucha, ya que el libro de los Hechos destaca su llegada a Roma para afirmar la predicación del evangelio "a todas las naciones", pero omite detalles de lo que sucedió al finalizar sus dificultades legales en la capital del imperio.

Posiblemente visitó las ciudades de Creta, Iliria y Acaya, y algunas comentaristas piensan que pudo inclusive haber ido a algunas ciudades de España. Ese período fue importante, ya que se atribuyen a Pablo las cartas a Timoteo y Tito, que manifiestan el compromiso apostólico con la organización auténtica y la buena administración de las iglesias locales.

Los detalles de la etapa final de la vida y el ministerio del apóstol Pablo provienen mayormente de fuentes de tradiciones antiguas. El apóstol fue nuevamente detenido y llevado preso a Roma por una falsa acusación en Tróade (66 d.C.). Y otra vez desde el centro mismo del Imperio romano, el apóstol a los gentiles continua con su ministerio literario de orientación a las comunidades de fe y sus líderes. Se sabe que desde Roma escribió la segunda carta a Timoteo, en la que revela sus sentimientos más profundos en relación con su fe en Jesucristo: está dispuesto a sufrir por su Señor y llegar hasta la muerte y el martirio, para demostrar su fe y su firme compromiso cristiano, como un ejemplo a las iglesias.

Antes de su muerte, Pablo pasó un encierro total y doloroso. Se sintió humanamente solo y abandonado, aunque no decayó su esperanza en Dios. Las instituciones jurídicas imperiales lo sentenciaron a muerte, en un proceso no del todo claro y justo, aunque era ciudadano romano. Según la tradición cristiana, Pablo fue decapitado por los romanos alrededor del año 67 d.C., no muy lejos de la carretera entre Roma y Ostia. Quizá la abadía de las Tres Fontanas marca el lugar de su ejecución.

Importancia del apóstol y sus enseñanzas

El significado y la importancia de la vida y el ministerio del apóstol Pablo no deben subestimarse. Sus contribuciones misioneras fueron muy buenas y sus cartas a las iglesias, admirables. Su valor en el desarrollo de la fe cristiana ha sido de tal magnitud, que hay estudiosos que opinan de Pablo como el agente divino capaz de convertir el movimiento de Jesús, que se origina en la Galilea y llega a Jerusalén, en una institución formal, internacional y transcultural, independiente del judaísmo y con identidad teológica propia. Por cierto, Pablo fue una de las figuras más importantes en el desarrollo del cristianismo a nivel histórico, administrativo, teológico, doctrinal y cristológico.

La importancia de las contribuciones de Pablo se destaca claramente en las cartas que envió a las comunidades de fe incipientes, a mediados del siglo primero de la era cristiana. Esa literatura es fundamental en la evaluación atenta de la vida del apóstol, donde incluye sus respuestas a problemas específicos de las diversas comunidades de fe, además de enseñar sus eclesiologías, teologías y cristologías. Y de la evaluación de esa importante literatura paulina resultan enseñanzas a creyentes y comunidades, en torno a la vida cristiana y referente a la fe y sus virtudes transformadoras.

Los escritos de Pablo toman el mensaje de Jesús, fundamentado en la Biblia hebrea y sus interpretaciones, y lo presentan a la cultura general que prevalecía en el Imperio romano en la cuenca mediterránea, que ciertamente resalta una gran influencia helenística. Y esa transformación de las categorías judías tradicionales a sistemas de comunicación eficientes en ambientes griegos y latinos, propició la predicación del evangelio al resto de la humanidad, independientemente de la cultura, el idioma o la geografía.

En sus escritos, Pablo cita e interpreta el mensaje de la Biblia hebrea, además de aludir a la literatura griega y filosófica de la antigüedad. Esa singularidad académica y pastoral, no solo revela su capacidad intelectual y su formación teológica y filosófica, sino que muestra su poder de integración ideológica y sus virtudes en los procesos de contextualización y aplicación del mensaje cristiano. El apóstol vive en medio de choques culturales y lingüísticos, y de encuentros religiosos no necesariamente amigables.

En ese ambiente de contrariedades e interpretaciones complejas, Pablo supera las comprensiones culturales contrarias a la voluntad divina. Su afirmación, de que en Cristo ya no hay judío ni griego, esclavo ni libre, hombre ni mujer (Gá 3.28), revela una teología muy adelantada a su época. Y esa comprensión amplia de las relaciones sociales, políticas e interpersonales de la fe cristiana, es una contribución importante del apóstol. Beneficia no solo al pensamiento y la vida de la iglesia sino incentiva el respeto y la dignidad humana en medio de la historia, independientemente del momento histórico, la ubicación geográfica o las singularidades culturales.

Para comprender la vida y el ministerio del apóstol Pablo, debemos estudiarlo en su contexto histórico, político y religioso. El joven Saulo proviene de un ambiente religioso conservador e intransigente, pero al tener un encuentro con Jesús cambia radicalmente su vida. Ese encuentro con el Señor transforma su visión de la cultura, la vida y la religión en cumplimiento de las antiguas profecías al pueblo de Israel. De esta manera, el joven Saulo se transforma de perseguidor a apóstol de Jesucristo a los gentiles. Pablo entendió personalmente que la revelación divina llega a la humanidad, independientemente de sus singularidades culturales, lingüísticas, religiosas, políticas y espirituales.

Capítulo 1:
CONTEXTOS

Por tanto, hagan morir todo lo que es propio de la naturaleza terrenal:
inmoralidad sexual, impureza, bajas pasiones, malos deseos y avaricia, la cual es idolatría.
Por estas cosas viene el castigo de Dios. Ustedes las practicaron en otro tiempo, cuando vivían en ellas. Pero ahora abandonen también todo esto: enojo, ira, malicia, calumnia y lenguaje obsceno. Dejen de mentirse unos a otros, ahora que se han quitado el ropaje de la vieja naturaleza con sus vicios, y se han puesto el de la nueva naturaleza, que se va renovando en conocimiento a imagen de su Creador. En esta nueva naturaleza no hay griego ni judío, circunciso ni incircunciso, culto ni inculto, esclavo ni libre, sino que Cristo es todo y está en todos.

Colosenses 3.5-11 NVI

Contextos, culturas, educación, familia y religión

Las dinámicas que contribuyeron al desarrollo intelectual, emocional y espiritual de Saulo provienen de diferentes sectores de la sociedad. Desde la perspectiva cultural, el mundo helenístico, con sus contribuciones políticas, sociales y filosóficas, jugó un papel fundamental en la formación de Saulo. Ese mundo griego y sus implicaciones en la educación y las formas de vida de las comunidades y los pueblos conquistados, transmitía valores éticos y morales, además de comprensiones religiosas politeístas, que estuvieron presentes en los procesos educativos del futuro apóstol a los gentiles.

Al mundo helenístico, y la cultura que representaba, debemos añadir la llegada del Imperio romano, que trajo al mundo mediterráneo y el

Oriente Medio, no solo una estructura política firme y una presencia militar inmisericorde, sino una nueva cultura que se fundamentaba en la historia, las vivencias y las decisiones de la ciudad de Roma. El mundo romano era agresivo, firme y decidido, y brindaba muy poco espacio para la disidencia de opiniones políticas. Junto a las decisiones administrativas, políticas, religiosas y comerciales del Imperio, se sumaba la presencia militar, que era el brazo de poder absoluto que mantenía a los pueblos conquistados en obediencia y subyugación, pues formaba parte de la política imperial llamada la *Pax romana*.

El mundo romano, que prosiguió la política de conquistas del mundo helenístico, fue el que experimentó Saulo y su familia, que vivían holgadamente en la diáspora judía, en Tarso. Esta importante ciudad era capital regional de Cilicia, que a nivel político y administrativo estaba bajo la autoridad romana. La filosofía helenística y las políticas imperiales romanas fueron factores determinantes en el desarrollo intelectual del joven Saulo, quien creció como ciudadano romano en ese mundo de ideas y proyectos políticos, sociales, educativos y religiosos.

A esos mundos helénicos y latinos debemos añadir que la formación de Saulo recibió fuerte influencia de la fe judía, de la que era practicante su familia. Respecto a este importante tema, en torno a las diversas fuerzas que moldearon la vida y el pensamiento del futuro apóstol, es esencial identificar y comprender varios factores que incidieron en su formación intelectual, emocional, social y espiritual.

El judaísmo que profesaba la familia de Saulo no era el fariseísmo tradicional, que ciertamente era firme e intransigente. Era una experiencia religiosa que estaba influenciada de manera directa e indirecta por el mundo de la diáspora en el cual su familia estaba inmersa. En el exilio, las tradiciones judías estaban en diálogo y conflicto con el resto de las manifestaciones sociales, económicas, culturales y religiosas que, en el caso específico de Tarso, era la filosofía griega y las políticas del Imperio romano. Y esas dinámicas eran las que se vinculaban de forma continua con la fe farisaica de la familia de Saulo.

> *Yo mismo tengo motivos para tal confianza. Si cualquier otro cree tener motivos para confiar en esfuerzos humanos, yo más: circuncidado al octavo día, del pueblo de Israel,*

> *de la tribu de Benjamín, un verdadero hebreo; en cuanto a la interpretación de la Ley, fariseo; en cuanto al celo, perseguidor de la iglesia; en cuanto a la justicia que la Ley exige, intachable.*
> Filipenses 3.4-6 NVI

El mundo griego y la filosofía helenística

La clara y fuerte influencia griega en el apóstol Pablo se evidencia claramente de diversas formas. En primer lugar, Pablo escribe todas sus cartas a las iglesias en el idioma griego, y utiliza un lenguaje eficaz, correcto, espontáneo y claro. Además, no debe obviarse, que las citas que hace el apóstol del Antiguo Testamento son generalmente de la versión griega, conocida como la Septuaginta o la Biblia de los Setenta (LXX), que era el texto utilizado en las sinagogas de la diáspora. Y debemos presuponer que en las ciudades que generalmente Pablo visitaba utilizaba la lengua franca de la época, que era el griego.

El análisis del idioma griego utilizado por el apóstol en sus cartas revela lo siguiente: comunica sus ideas en un lenguaje urbano, comercial, administrativo, jurídico y deportivo. Ese dominio del lenguaje revela que estaba inmerso en la cultura helenística. Es importante resaltar el análisis del pensamiento paulino que compara la vida cristiana con las experiencias de un atleta, que constituía un fundamento esencial en el mundo griego. El apóstol aconseja que en la vida cristiana hay que correr con la mirada en la meta, buscando el blanco de la soberana vocación; además, hay que entrenarse como un atleta (1 Co 9.24-27) para lograr la meta. Y compara también la vida cristiana con la experiencia militar porque usamos armas poderosas para derribar fortalezas, y sobre todo hay que estar revestido de la armadura de Dios y levantar la espada de la fe, que son imágenes griegas (2 Co 10.3-4; Ef 6. 1.15-16).

> *¿No saben que en una carrera todos los corredores compiten,*
> *pero solo uno obtiene el premio?*
> *Corran, pues, de tal modo que lo obtengan.*
> *Todos los deportistas se entrenan con mucha disciplina.*
> *Ellos lo hacen para obtener una corona que se echa a perder;*

> *nosotros, en cambio, por una que dura para siempre. Así*
> *que yo no corro como quien no tiene meta;*
> *no lucho como quien da golpes al aire. Más bien, golpeo mi*
> *cuerpo y lo domino, no sea que después de haber predicado*
> *a otros, yo mismo quede descalificado.*
> 1 Corintios 9.24-27 NVI

> *Las armas con que luchamos no son del mundo,*
> *sino que tienen el poder divino para derribar fortalezas.*
> *Destruimos argumentos y toda altivez que se levanta contra*
> *el conocimiento de Dios, y llevamos cautivo todo pensamiento*
> *para que obedezca a Cristo. También estamos dispuestos*
> *a castigar cualquier acto de desobediencia una vez que yo*
> *pueda contar con la completa obediencia de ustedes.*
> 2 Corintios 10.4-6 NVI

La comprensión política y social del mundo paulino se fundamenta en las estructuras impuestas por el Imperio romano. Cuando alude a las regiones y las ciudades visitadas o por visitar, utiliza las divisiones geográficas impuestas por Roma. Por esa razón, alude a las regiones de Siria, Cilicia, Asia, Galacia, Macedonia, Acaya, Ilírico y España. Inclusive, cuando presenta sus enseñanzas a la comunidad cristiana en Filipos, una colonia romana, los exhorta a vivir conforme al evangelio como "ciudadanos", que era un término de importancia política en el Imperio romano. Y en ese contexto, Pablo utiliza un importante término griego, traducido como "ciudadanía" o "patria", para destacar que la verdadera ciudadanía y patria de los creyentes en Cristo está en los cielos (Fil 1.27; 3.20).

La afinidad y el conocimiento de Pablo de la cultura griega se evidencian al citar varios filósofos (1 Co 15.33), en la alusión a los cultos de misterio --que revela su conocimiento de esas tradiciones religiosas— y en su referencia al universo religioso y cultural asociado al gnosticismo.

Además, es menester afirmar que, en Jerusalén, como era un centro social, político y comercial internacional, las influencias helenísticas eran fuertes. En las sinagogas de la ciudad, por ser continuamente frecuentadas por los judíos de la diáspora, se leían las Escrituras hebreas traducidas al griego (LXX). Y la región de Judea, de acuerdo con estudios y descubrimientos arqueológicos recientes, se vio afectada por esas dinámicas y tradiciones griegas, que se manifestaban en los diversos niveles de relación personal y familiar, y de intercambios políticos, sociales y económicos.

Aspectos políticos

Luego del exilio en Babilonia y del regreso de judíos de la diáspora a Jerusalén, el Imperio persa mantuvo el poder y su hegemonía en el Oriente Medio por unos 200 años. En ese período se demostró la eficacia de sus decisiones económicas, sociales, políticas y militares, y se destacaron las virtudes del respeto a las culturas conquistadas y la tolerancia a las expresiones religiosas locales. Los persas respondieron con eficiencia a los desafíos que presentaban las naciones del Oriente Medio, y mantuvieron cohesión y firmeza en las provincias.

En Grecia, sin embargo, surgían nuevos líderes políticos y militares, que intentaban internacionalizar sus poderes y poder conquistar el Oriente Medio. Uno de esos líderes, Filipo II, rey de Macedonia, aprovechó los conflictos entre las diversas naciones-estados griegos, y se proclamó soberano de toda Grecia, en el 338 a.C., y ese acto político y militar nacional, tuvo importantes repercusiones internacionales. A Filipo II, le sucedió su hijo, Alejandro, que posteriormente recibiría el título y reconocimiento histórico de "el Grande o Magno", por la naturaleza de sus proyectos y sus conquistas.

Desde que recibió el poder, el joven militar Alejandro Magno decidió emprender una serie de campañas contra los ejércitos del imperio persa y sus intereses en el Oriente Medio. Y esos esfuerzos militares, dieron fruto en el 334 a.C., cuando Alejandro el Grande irrumpe en el Asia Menor para enfrentar los ejércitos de Darío II.

Alejandro venció a Darío II en Isos, una antigua ciudad de Cilicia oriental. Y desde ese instante, la sed de conquista y los apetitos de triunfo no se apartaron del joven general. En primer lugar, redirigió sus ejércitos hacia Damasco, Fenicia y Palestina, decisión que le permitió llegar y conquistar posteriormente a Egipto. En el 331 a.C., fundó la ciudad de Alejandría, que jugó un papel preponderante en la transformación cultural y política de la región.

Luego de sus triunfos contundentes en Egipto, Alejandro regresó con sus tropas a Mesopotamia, donde tuvo que enfrentar nuevamente los bien organizados ejércitos persas de Darío II. En esta ocasión, el triunfo de Alejandro fue de tal magnitud, que produjo la caída del antiguo Imperio persa, y le permitió seguir con las conquistas hasta las regiones orientales de Persia.

Las conquistas de Alejandro fueron muchas, extensas e intensas. Su capacidad militar era sorprendente y sus políticas administrativas, eficaces. En muy poco tiempo, Alejandro conquistó grandes extensiones de terreno, que le permitió organizar y consolidar un imperio, siendo todavía muy joven. Sin embargo, el joven conquistador murió en Babilonia, en el 323 a.C., dejando un vacío político, social y militar, que fue muy difícil llenar. Era un imperio muy grande, que incluía diferentes naciones y culturas.

En la administración pública, y respecto a la implantación de las nuevas políticas y los avances militares de Alejandro Magno, es digno resaltar el respeto del joven general a las culturas de los pueblos conquistados. Los avances militares de Alejandro dan lugar a una gran influencia de la cultura griega en el Oriente Medio que, unida a las dinámicas sociales y políticas de la región, se conoce como la cultura helenística. Las ciudades fueron transformadas en el orden social como en el arquitectónico para asociarlas a las antiguas ciudades griegas. Y en esas transformaciones, se debe destacar la ciudad de Alejandría, que se convirtió en modelo y representante del helenismo.

Según el historiador judío Flavio Josefo, Alejandro decidió conquistar Jerusalén. Sin embargo, al recibir los honores del Sumo Sacerdote, y tener unos sueños que le advertían que no saqueara la ciudad, decidió ofrecer sacrificios en el Templo. Además, como resultado de las gestiones de Yadúa, el Sumo Sacerdote, decidió afirmar los reconocimientos y privilegios que tenía la comunidad judía en el Imperio.

Las conquistas militares y las políticas administrativas de Alejandro Magno cambiaron el aspecto social del Oriente Medio y transformaron las vivencias diarias de los territorios conquistados. Con la implantación de su gobierno y hegemonía, se inauguraba un nuevo tiempo en la región, que daba paso al avance firme del helenismo. La vida de Alejandro Magno fue intensa en conquistas, pero breve. Murió en Babilonia a la edad de 32 años.

Sucesores de Alejandro Magno

El vacío de poder, y también la falta de visión, la incapacidad administrativa y la ausencia de buenas destrezas militares de sus sucesores, causaron la división del imperio conquistado por Alejando Magno. El Imperio no pudo mantener su unidad a la muerte de su líder máximo, y al dividirse, el control regional recayó en manos de sus generales, los Diádocos o sucesores. Macedonia y Grecia cayeron bajo la autoridad del general Antípatro, que gobernó sobre el Asia Menor; en Egipto el líder fue Tolomeo I; Lisímaco quedó a cargo de Tracia; y Laomedón tomó control de las regiones de Siria y Palestina.

El nuevo orden administrativo para dividir las tierras conquistadas por Alejandro Magno no duró mucho tiempo. Los generales herederos del poder en las diversas regiones no pudieron mantener la paz, ya que la ambición de gobernar todo el imperio o aumentar sus esferas regionales de poder, provocó serios conflictos administrativos e incentivaron las guerras. En el 319 a.C., Tolomeo I, quiso expandir sus poderes desde Egipto a Siria y Palestina, pero fue rechazado por Antígono I. Posteriormente Antígono I venció a Seleuco I, y conquistó Babilonia. Y en ese proceso de luchas internas por lograr la hegemonía, en el 315 a.C., Antígono I tomó las ciudades costeras de Fenicia, desde Tiro hasta Gaza, hasta finalmente conquistar Palestina.

Pero las luchas de los generales de Alejandro, y de sus hijos y sucesores, continuaron. En al año 312 a.C., Tolomeo I recuperó el poder en Egipto, al vencer en Gaza al hijo de Antígono I, Demetrio. Ese triunfo, sin embargo, no duró mucho tiempo, pues al año los ejércitos de Antígono I reconquistaron Egipto. Y con el poder en la antigua Babilonia y en Egipto, se proclamó rey y procedió a incorporar Palestina como parte de su territorio. En el 301 a.C., la unión de Seleuco I y Lisímaco probó ser eficaz, ya que en esas luchas, Antígono, no solo perdió la batalla en Ipso, sino también la vida.

Con la muerte de Antígono, las antiguas tierras de Alejandro Magno vuelven a dividirse. Seleuco I tomó el poder en Asia, Siria y Palestina; Tolomeo I se quedó al mando de Egipto; Lisímaco quedó como la autoridad en Tracia y Asia Menor; y Casandro mantuvo el poder en Macedonia. Sin embargo, ese arreglo político y militar no duró mucho tiempo, pues a los pocos meses Tolomeo I conquistó Palestina, para mantenerse definitivamente en el poder.

Los conflictos internos entre los Diácocos, o sucesores de Alejandro, continuaron por casi cuatro décadas, hasta que en el 281 a.C., las tierras quedaron divididas de forma permanente: Demetrio quedó al mando de Macedonia; Tolomeo I se mantuvo en Egipto, pero expandió su poder a Siria y Palestina; y Seleuco I tomó el poder en Asia, que constituía las secciones orientales del imperio. Por un siglo Palestina estuvo bajo el poder de la dinastía tolomea, que gobernaba desde Egipto.

Los tolomeos (314-197 a.C.)

Luego de la muerte de Alejandro Magno, en medio de las luchas por el poder entre sus generales, surge el fuerte liderato de Tolomeo I Sóter (306-246 a.C.), hijo de Lagos. Y una de sus primeras decisiones políticas y administrativas fue autodenominarse rey, para llegar a ser soberano independiente por el año 305 a.C. Fue este Tolomeo I, el que estableció la dinastía lágida, que estuvo en el poder de Egipto hasta el año 30 a.C.

La sabiduría administrativa y la capacidad política de Tolomeo se demostró rápidamente al asumir el poder de Egipto: Con su infraestructura militar conquistó las regiones de Siria y Palestina, y estableció múltiples bases marítimas en el Mediterráneo (Dn 11.5). Hay que resaltar la importancia histórica para Israel que en los tiempos de Tolomeo se establecieron las primeras comunidades militares judías en Egipto.

Su hijo y sucesor, Tolomeo II Filadelfo (285-246 a.C.), siguió las mismas políticas expansionistas de su padre, y respondió positivamente a las agresiones de Antíoco II, que quería retomar de nuevo los territorios de Siria y Palestina. El triunfo de Tolomeo II fue de tal magnitud, que obligó a Antíoco II casarse con su hija Berenice (Dn 11.6). Cabe resaltar la importancia histórica para la comunidad judía que Tolomeo II fue el fundador de la biblioteca y el museo de Alejandría, que se convirtieron en el entorno intelectual y administrativo para la traducción de las Sagradas Escrituras hebreas al griego, conocida como la Septuaginta o Versión de los Setenta (LXX).

El sucesor de Tolomeo II Filadelfo, fue su hijo Tolomeo II Evergetes (246-221 a.C.). Y una de sus primeras acciones militares fue atacar a Seleuco II de Siria, para defender a su hermana Berenice. En el proceso, Tolomeo II se apoderó de muchas bases militares en la región, entre las que se encontraba la de Seleucia. Esas acciones bélicas y expansión política le permitieron, desde Egipto, ejercer el poder político y económico en el mar Mediterráneo, particularmente en su sección oriental.

El próximo de los tolomeos en llegar al poder egipcio, fue Tolomeo IV Filopátor (221-205 a.C.). Este monarca, aunque tenía una gran capacidad militar, amaba más las artes y el placer que los conflictos o guerras. Sin embargo, cuando fue atacado e invadido por los ejércitos de Antíoco II, respondió con autoridad y mucha fuerza, para derrotar rápidamente a los invasores en Rafia (217 a.C.). Es importante destacar el uso de soldados egipcios en este triunfo militar, que habían descubierto el poder de las armas que poseían.

La administración de los tolomeos en Egipto fue deteriorándose con el tiempo, pues los ejércitos nacionales comenzaron a utilizar el poder militar para lograr importantes conquistas políticas en Egipto. Y en ese contexto de política débil de los tolomeos, y medio de la expansión del poder militar en las milicias egipcias, el ejército apoyó varias revueltas campesinas contra las influencias y la cultura griegas.

Las luchas internas en la administración tolomea, y las políticas de conquista de Antíoco II, provocaron la derrota de Tolomeo V Epífanes (204-180 a.C.) en Panión (200 a.C.). Esa derrota fue determinante para la historia de la comunidad judía, ya que desde ese momento la autoridad sobre Palestina y Siria recayó sobre el vencedor. El triunfo fue absoluto: Los tolomeos perdieron permanentemente el poder sobre Siria y Palestina. Y para revelar quienes eran los nuevos gobernantes y líderes de la región, Antíoco II hizo que Tolomeo V se casara con su hija, Cleopatra I (Dn 11.13-17). Fue un plan no solo para afirmar quién ostentaba un nuevo poder político, sino para declarar que Egipto había sido totalmente derrotado.

De gran importancia en los procesos de consolidación del poder en las administraciones tolomeas fue seleccionar a Alejandría como su capital. Esa ciudad cosmopolita, que ya era conocida internacionalmente, se convirtió en un centro importante de la cultura helénica. Tenía una población griega numerosa, y la presencia judía era notable. En medio de la expansión de la cultura helenística y en el contexto de las nuevas políticas internacionales, Alejandría se convirtió en un importante centro comercial y espacio único para la reflexión intelectual de la época.

La política interna de la dinastía tolomea, que era de origen griego, fue aceptada de forma gradual en Egipto. Esa aceptación es resultado de varias medidas políticas, sociales y religiosas de afirmación nacional, que facilitaron el avance de la cultura helenística: Conservaron muchas de las tradiciones nacionales de Egipto; en los monumentos públicos y la arquitectura, utilizaban las imágenes y tradiciones locales antiguas; participaban de las ceremonias religiosas y construyeron templos a las antiguas divinidades nacionales; y crearon una extraordinaria infraestructura administrativa, comercial y económica, que le brindó gran estabilidad fiscal y política.

Sin embargo, aunque los tolomeos contribuyeron grandemente al desarrollo de la cultura helenística en Egipto y la región, durante los siglos II y I a.C., la llegada de una serie de monarcas débiles al poder, causaron el debilitamiento de la dinastía. Junto a esa decadencia administrativa y militar local, debemos añadir que las autoridades romanas decidieron intervenir de forma directa en el Oriente Medio, y Egipto se convirtió en un centro de importancia estratégica para la intervención militar en la región.

La dinastía tolomea finalizó en el año 30 a.C., con la administración de la muy famosa Cleopatra VII (69-30 a.C.). Ella se mantuvo en el poder, primero con el apoyo de Julio César, y luego con la ayuda de Marco Antonio. Finalmente, con la muerte de su hijo, Tolomeo XV, apodado Cesarión, la antigua dinastía helénica culminó, y Egipto cayó bajo el poder Imperial romano de Augusto.

Los judíos bajo la administración tolomea

La comunidad judía en Palestina, la antigua región de Judea y la ciudad de Jerusalén se mantenían relativamente al margen de estos cambios y transformaciones internacionales. La situación política, económica y social era bastante buena, pues se pagaban los impuestos a Egipto y los tolomeos les permitían vivir según sus costumbres y tradiciones. El grupo no era muy numeroso, los unía la experiencia religiosa y estaba bajo la autoridad política y administrativa del sumo sacerdote que, a la vez, representaba el poder político y espiritual. El Sanedrín, o cuerpo de ancianos, incluido el sumo sacerdote, funcionaba como juez.

Durante ese período, el territorio de Judea era relativamente pequeño y geográficamente rodeado por montañas, en comparación del resto de los imperios de la época. Sin embargo, ese aislamiento geográfico parcial no pudo evadir ni detener las fuertes influencias del helenismo que llegaban hasta Jerusalén. En Gaza, Asdod y Ascalón, la llamada llanura filistea, el helenismo había cobrado fuerza y también en las costas del Mediterráneo (p.ej., Jope y Tolemaida), e inclusive, ese proceso de helenización también se vivió en el interior de la región (p.ej., Samaria, Betseán y Transjordania).

Esas dinámicas de afirmación de la cultura helénica se evidenciaron en Jerusalén. Las modas, costumbres y prácticas griegas comenzaron a llegar paulatinamente, pero continua a la ciudad, y algunos líderes las percibieron como amenazas a la fe judía. Ante esos nuevos avances culturales, la comunidad judía se dividió, entre los que aceptaban las nuevas tendencias y modas, y los acérrimos devotos de la Ley, conocidos como los *hasidim* (1 Mac 2.42), que rechazaban abiertamente esos procesos de helenización.

Los descendientes de Tobías, uno de los enemigos acérrimos de Nehemías, llegaron a constituir un grupo económicamente poderoso en los años postexílicos. Aunque residían en los antiguos territorios de los amonitas, llegaron a gobernar diversas regiones en Transjordania, la tierra oriental de más allá del río Jordán, y Cisjordania, término equivalente para el lado occidental, o "en este lado del río". Los tobíadas constituyen un buen ejemplo de familias judías que se aclimataron a los nuevos estilos de vida helenistas y sus tendencias culturales.

El historiador judío, Flavio Josefo, afirma que uno de los tobíadas, José, se ganó el favor de Tolomeo II (246-221 a.C.), y le concedió la responsabilidad de recolectar los impuestos en Palestina. Sin reparos, escrúpulos ni preocupaciones éticas, José se enriqueció considerablemente desempeñando esa profesión. Uno de sus hijos, Hircano, reconstruyó una fortaleza muy famosa en Araq y fue muy generoso con el Templo de Jerusalén (2 Mac 3.11). Ese poder económico y político de los tobíadas paulatinamente se deterioró y terminó con la rebelión de los macabeos. Antíoco IV Epífanes confiscó las propiedades de los tobíadas y los privó del prestigio y de los beneficios que ostentaban.

Los seléucidas (197-142 a.C.)

La dinastía de los seléucidas estableció un imperio en Asia Menor, Mesopotamia y Asia Superior, al poco tiempo de la muerte de Alejandro Magno. Seleuco I Nicátor (312-280 a.C.), uno de los llamados diácocos de Alejandro y fundador de la dinastía seléucida, organizó un gobierno firme y próspero, pero no pudo incorporar los territorios de Siria y Palestina a su imperio; sin embargo, eso no impidió sus aspiraciones de gobernar esas provincias, como se revela en las diferentes guerras entre los tolomeos y los seléucidas en la región.

Con el tiempo, el gobierno de los seléucidas sufrió desorganización y disminución por la inestabilidad política, y por la incapacidad administrativa de los oficiales. Luego de la muerte de Seleuco I, le sucedió su hijo, Antíoco I (280-261 a.C.), que ya había servido como corregente con su padre, que dirigió una primera guerra contra Tolomeo II, en la cual fue derrotado por el monarca egipcio. Su hijo, Antíoco II Theos (261-246 a.C.), llevó a sus ejércitos a una segunda la guerra contra los tolomeos, y también fue derrotado. Finalmente hubo un acuerdo de paz entre los tolomeos y los seléucidas (253 a.C.), que se materializó con el matrimonio de Antíoco II Theos y Berenice, hija de Tolomeo II.

Ese acuerdo de paz, sin embargo, no duró mucho, por el asesinato de Berenice y su hijo. Y en medio del vacío de poder que generaron las dificultades internas a la muerte de la reina, pusieron en el trono a Seleuco II Calínico (246-226 a.C.). Esos asesinatos y cambios en el imperio seléucida prepararon el camino para otro ataque de Tolomeo II, que con su victoria conquistó Seleucia en Piería. Seleuco II Sóter le sucedió (225-223 a.C.) en el poder, que fue muy breve, al también ser asesinado.

El año 223 a.C. fue testigo de la llegada al trono sirio de Antíoco III el Grande (223-187 a.C.). Su política en contra de los tolomeos, de confrontación directa y guerra, logró que los seléucidas reconquistaran Palestina por algún tiempo, pero Tolomeo IV recuperó el control palestino en el 217 a.C. El período de paz prosiguió hasta la llegada al trono de Tolomeo V (203-181 a.C.), que reinstituyó la política de confrontación y guerra de sus predecesores. El triunfo definitivo de los seléucidas llegó en el 199 a.C., cuando Siria y Palestina, y el antiguo distrito de Judá, cayeron bajo la autoridad de Antíoco III.

Las políticas expansionistas de Antíoco III, le llevó al Asia Menor, y perdió la guerra contra los romanos en el 189 a.C. A causa de esa derrota, se firmó un tratado de paz con Roma (188 a.C.), en términos muy onerosos para los seléucidas. Los ejércitos romanos hicieron que las tropas de Antíoco III se retiraran de las fronteras occidentales de su imperio, perdiendo grandes extensiones de terreno; además, les impusieron tributos muy fuertes para reparar los gastos de guerra. Roma mantuvo de rehén al hijo de Antíoco III, Antíoco IV, junto a un grupo de personas de gran importancia para la corte de los seléucidas.

Para pagar los costosos tributos impuestos por Roma, Antíoco III decidió asaltar los templos de la región, que guardaban cuantiosos tesoros. Pero en una de esas incursiones militares a las instalaciones del dios Bel en Elam, Antíoco III murió en plena batalla. Su hijo, Seleuco IV Filopátor, le sucedió en el trono y prosiguió con la política de asalto a los templos para conseguir los recursos para pagar los tributos a Roma. Inclusive, intentó apoderarse de los tesoros del Templo de Jerusalén, pero no logró su objetivo y más tarde murió a manos de su propio canciller, Heliodoro, en el 175 a.C.

Ese período de convulsión internacional e inestabilidad entre los tolomeos y los seléucidas, facilitó que los judíos vivieran en relativa calma en Judá y Jerusalén. Antíoco III reconoció algunos de los privilegios que tenía la comunidad judía y esas acciones propiciaron unas buenas relaciones. Inclusive, en el Templo se hacían sacrificios por Antíoco III y por su sucesor.

Flavio Josefo atestigua esas buenas relaciones del rey seléucida con la comunidad judía. En sus obras en torno a la historia de los judíos, afirma que Antíoco III les apoyó económicamente para la reparación de daños en el Tempo. Además por respetar la autonomía administrativa y económica que gozaban en Jerusalén desde los tiempos persas, también les eximió de algunos impuestos. En ese período, la Torá era el fundamento de la ley civil, además de contener las normas morales, éticas y espirituales que guiaban la vida diaria de los judíos.

Las transiciones de poder en el mundo seléucida generalmente eran complicadas y la muerte de Seleuco IV no fue una excepción. En vez de sustituirlo su hijo, Demetrio, que los romanos habían mantenido como rehén, usurpó el poder Antíoco IV, hermano de Seleuco IV. Y para dirigir y dar identidad a su gestión política, adoptó el nombre de Epífanes, indicando así ser él una manifestación del dios Zeus.

Una de sus primeras decisiones administrativas se relacionaba con la comunidad judía. Como necesitaba recursos para responder a los altos tributos que pagaba a Roma, decidió otorgar el título de sumo sacerdote en Jerusalén, con la aprobación del imperio seléucida en Siria. Este cargo, que ciertamente era hereditario, era negociado entre los diversos grupos judíos que estuvieran dispuestos a pagar más por ostentar el título y las responsabilidades. Esa decisión política, que tenía efectos inmediatos en la vida religiosa del pueblo, fomentó aún más las divisiones y hostilidades entre los diversos sectores ideológicos y religiosos en Jerusalén. Con el tiempo, Antíoco IV, sin ningún escrúpulo, se robó las riquezas del Templo (1 Mac 16—24; 2 Mac 5.11-21).

Como había vivido en Roma, y había sido testigo de la cultura, riqueza y arquitectura de esa ciudad, Antíoco IV comenzó un proceso de helenización sin precedentes en el imperio seléucida y sus territorios. Inclusive, intentó llevar esas dinámicas culturales a Jerusalén, pero entre los judíos recibió una respuesta firme y decidida de rechazo. Ese contexto impuesto de helenización generalizada fue la referencia básica que generó la rebelión de los Macabeos. Ese movimiento de insurrección armada fue organizado y dirigido por Judas Macabeo.

Antíoco IV murió en Persia, en medio de una campaña militar (164 a.C.) y le sustituyó en el trono, su hijo, Antíoco V Eupátor. El nuevo monarca siendo todavía un niño, necesitó un corregente, un general del ejército de nombre Lisias. Bajo el liderato de Lisias, los seléucidas lograron ciertos acuerdos de paz, que especialmente tenían vigencia en la esfera religiosa. Sin embargo, esos acuerdos se cancelaron al poco tiempo, ya que Lisias fue derrotado por el hijo de Seleuco IV, Demetrio I, quien reinó por un poco más de una década (162-150 a.C.).

Las dinámicas políticas y administrativas en el imperio seléucida se deterioraron gravemente en la segunda mitad del siglo segundo a.C. Fueron años y décadas de inestabilidad política y social, en la cual reinaron los golpes y los contragolpes de estado. Los descendientes de Seleuco IV que ostentaron el poder, son los siguientes: Demetrio I (162-150 a.C.), Demetrio II (145-138 a.C.) y Antíoco VII (138-129 a.C.). Y por la línea de Antíoco IV, están: Antíoco V (164-162 a.C.). Alejandro Balas (153-145 a.C.) y Antíoco VI (145-142 a.C.).

El imperio seléucida era poderoso y amplio. El territorio incluía Babilonia y Siria, y también grandes sectores de Asia Menor. Estaba constituido por unos veinte pueblos, que tenían diversas culturas, gobiernos, vivencias, lenguas y religiones. ¡Eran unos 30 millones de habitantes! Tenía dos capitales: Antioquía en Siria, y Seleucia del Tigris en Mesopotamia. Lo fundamental que unía los diversos sectores del imperio era la administración seléucida y sus ejércitos. Sin embargo, la inestabilidad política y social en la cúpula gubernamental, junto a las vastas extensiones de terreno, la diversidad cultural, y las guerras continuas contra los tolomeos en Egipto, la destrucción de este gran imperio, heredero de las victorias de Alejandro Magno, estaba próxima y asegurada.

El poder del imperio seléucida se fue debilitando con el tiempo. Paulatinamente el Imperio comenzó a perder el poder en los territorios al este del río Éufrates, y posteriormente fueron derrotados en el Asia Menor. En ese contexto debil y desorganizado, las antiguas comunidades bactrianas, persas y medas, inclusive las judías, que habían mantenido su identidad cultural y sus lenguas, comenzaron a independizarse del imperio seléucida. Por lo tanto, el golpe mortal vino con la victoria de Roma sobre los ejércitos seléucidas (64 a.C.), en el cual Pompeyo destituyó a los dos aspirantes al trono, y comenzó la hegemonía del Imperio romano en la región.

Un componente importante de la hegemonía seléucida en la región fue que siguieron las políticas religiosas de sus antecesores sirios, mesopotámicos y persas: ¡Se autoproclamaban reyes, que tenía la implicación política, social, emocional y espiritual de ser adorados como dioses! Y ese componente les ayudó a mantenerse en el poder.

Los macabeos (175-134 a.C.)

La comunidad judía, entre los tolomeos y entre los seléucidas, era relativamente pequeña, en comparación con el resto de los pueblos de esos imperios. Además, esta comunidad estaba un poco aislada del resto de las grandes ciudades, porque la cordillera central palestina les servía de protección. En medio de esas realidades políticas y geográficas, Antíoco IV Epífanes comenzó su programa enérgico de helenización. Y la estabilidad en Jerusalén se vio afectada, porque Jasón, un representante de las fuerzas helenísticas compró el sumo sacerdocio del Templo de Jerusalén, que estaba a manos de la familia oníada, específicamente ejercía el cargo su propio hermano, Onías III. Sin misericordia ni remordimientos, Antíoco IV sustituyó a Onías III por Jasón, que ejerció el sumo sacerdocio por unos tres años (174-171 a.C.).

Con un nuevo líder en Jerusalén, que favorecía sin limitaciones los procesos de helenización de los judíos, comenzaron los procesos de cambios y las transformaciones de la ciudad, según el modelo que recibían de Roma. Inclusive, a los ciudadanos judíos se les ofreció la posibilidad de obtener la ciudadanía de Antioquía (2 Mac 4.9-16), una ciudad que ya gozaba de los beneficios relacionados con el helenismo.

Frente a esos avances firmes y decididos de Antíoco IV, ejecutados por el sumo sacerdote Jasón, un sector de la comunidad decidió rechazar la helenización y responder con firmeza ante lo que percibían como un ataque frontal a las tradiciones de los antepasados del pueblo de Israel. Los que abiertamente rechazaron las nuevas políticas traídas por Jasón, fueron los *hasideos* o *asideos* (1 Mac 2.42; 7.13). Jasón, que intentaba ser fiel a las políticas de helenización implantadas por Antíoco IV, fue traicionado y destituido en el 171 a.C., y en su lugar se nombró a Menelao. Y el nuevo sumo sacerdote siguió con la helenización de los judíos en Judea y Jerusalén, y conspiró para asesinar a sus oponentes y críticos, como el exiliado Onías III.

Mientras pasaban los años, las políticas de Antíoco IV se hacían más fuertes, y aumentó la represión de los grupos que no querían incorporarse a los procesos de helenización. Motivado por el sumo sacerdote Menelao, Antíoco IV, a su regreso de su primera incursión militar en Egipto, invadió el Templo de Jerusalén y lo saqueó. El malestar de los judíos en torno a las políticas seléucidas cada vez iba en aumento.

Luego de su segunda campaña militar en Egipto, la represión de Antíoco IV a Jerusalén aumentó: Comenzó a perseguir a los disidentes que rechazaban las políticas oficiales del Imperio, y se prohibieron terminantemente los sacrificios en el Templo y la práctica de la circuncisión. La desobediencia a esos mandatos conllevaba la pena de muerte. Finalmente, posiblemente con la aprobación del sumo sacerdote de la época, Menelao, construyó una estatua del dios Zeus Olímpico en el Templo de Jerusalén, que fue visto entre los sectores piadosos y tradicionales del judaísmo, como la "abominación desoladora" o la "abominación de la desolación".

El rechazo de Matatías y sus hijos, a esas nuevas prácticas religiosas foráneas, fue aguerrido, firme y violento. Comenzaron una rebelión armada, contra el rey y los representantes de esas políticas politeístas de helenización. Las fuerzas rebeldes de los judíos, bajo el mando del sacerdote Matatías, se levantaron en Modín, ya que los representantes del monarca seléucida intentaban convencer a la comunidad a que se incorporara al movimiento helenista.

La revolución contra Antíoco IV comenzó oficialmente en Modín, cuando Matatías mató a un judío que participaba de una ceremonia pagana, y también asesinó al representante del rey que instaba al pueblo a dejar las tradiciones y costumbres de los antepasados israelitas. Luego de esa confrontación violenta, Matatías y sus hijos se refugiaron en el desierto de Judea, donde se les unieron otros grupos rebeldes que rechazaban las políticas oficiales de Antíoco IV. Luego de la muerte de Matatías, en el 166 a.C., sigue la insurrección uno de sus hijos, Judas, a quienes le decían macabeo, que significa "martillo".

Desde el inicio mismo de la rebelión, los macabeos lograron victorias importantes. El grupo de guerrilleros al mando de Judas Macabeo, que era un líder carismático, derrotó a Apolonio (1 Mac 3.12) y triunfó sobre los ejércitos de Serón en la ciudad de Bet Jorón. Al percatarse Antíoco IV de las victorias de Judas, envió a su general Lisias para acabar con la insurrección macabea, pero los fieles combatientes macabeos les vencieron en la batalla de Emaús. Y Lisias regresó a Antioquía derrotado y humillado.

Un capítulo de suma importancia en las actividades de Judas macabeo tiene que ver con el Templo de Jerusalén. Desde 164 a.C., cuando Judas purificó el Templo de la calamidad y deshonra relacionada con la estatua y el altar de Zeus, identificada como la "abominación desoladora", el objetivo de la revuelta se expandió. Lo que comenzó como un esfuerzo militar para preservar la cultura y las costumbres judías, se había convertido paulatinamente en una revolución completa: Judas y su grupo de rebeldes buscaban la independencia del distrito de Judá y Jerusalén del imperio seléucida.

Por el año 160 a.C. había grupos de judíos en diferentes ciudades y pueblos de Palestina y Transjordania, y muchos vivían en ciudades donde la cultura griega se había establecido fuertemente. Con el propósito de llevar la insurrección a otros lugares con presencia judía, Judas batalló contra los ejércitos helenistas en Idumea, Amón, Galaad, Galilea, y Filistea; y Simón Macabeo, batallaba los ejércitos seléucidas en la Galilea. El objetivo de los macabeos era levantar a los judíos, dondequiera que estuvieran en el reino, para rechazar los esfuerzos culturales helenistas, además de afianzar la revolución en el pueblo.

Una vez muerto Antíoco IV, el poder llega a manos de Lisias, que gobernaba a nombre de Antíoco V 164-162 a.C.), que todavía era un niño. En una de sus acciones militares contra los macabeos, estuvo a punto de conquistar la ciudad de Jerusalén, pero no pudo hacerlo porque tuvo que regresar a Antioquía para proteger su autoridad y poder en el reino seléucida. En ese momento solo pudo lograr un acuerdo de paz por el cual se aceptaba que la comunidad judía se podía regir con sus propias leyes, conforme a las antiguas tradiciones mosaicas (1 Mac 6.59).

Con ese tratado de paz, entre Ligias y Judas Macabeo, se logró el objetivo fundamental de la insurrección: Rechazar la imposición de la cultura helenística entre los judíos. Sin embargo, luego de este acuerdo de paz, los macabeos comenzaron a acariciar la idea de la independencia total del Imperio seléucida. El triunfo de las fuerzas macabeas les impulsó a proyectar objetivos mayores para el pueblo: La organización de un gobierno judío en el territorio de Judá y en la ciudad de Jerusalén, independiente de las potencias internacionales.

En medio de esas dinámicas revolucionarias de los macabeos, y los sectores judíos que les apoyaban, se levantaban también grupos de judíos que rechazaban la insurrección. Eran judíos helenistas que, para responder a los avances de la revolución macabea, se comunicaron con el nuevo monarca, Demetrio I, para pedirle apoyo. La respuesta del rey fue nombrar a Alcito como nuevo sumo sacerdote, ya que este era el candidato de los grupos helenistas, además de ser aceptado por los *asideos* o *hasideos*.

Judas Macabeo se opuso al nombramiento y reorganizó sus fuerzas para hacer frente a la nueva administración en Jerusalén. Una de las primeras actividades del nuevo sumo sacerdote fue ordenar el asesinato de grupos de asideos, que no estaban satisfechos con sus decisiones y acciones. Demetrio I envió un contingente militar, dirigidos por Nicanor, para detener el avance de los macabeos, que cada vez se hacían más populares en el pueblo. Sin embargo, los insurgentes judíos lograron vencer a los ejércitos seléucidas en Cafarsalama, y también en Bet Jorón y Adas.

La respuesta de Demetrio I fue inmisericorde, y envió a un grupo mayor de sus ejércitos a combatir y detener los avances macabeos. Báquides llegó al mando de las fuerzas seléucidas, que derrotaron totalmente a los insurgentes judíos. Inclusive, Judas Macabeo perdió la vida en esa batalla. La derrota de los grupos alzados de judíos fue muy importante para el imperio y para los combatientes. La moral de los grupos nacionalistas judíos estaba decaída por haber derrotado y asesinado al símbolo de los esfuerzos revolucionarios.

Jonatán, sucedió a Judas, como líder de la revolución judía.. Y con el recuerdo de los triunfos de Judas, lograron detener temporalmente los avances de Báquides y los ejércitos seléucidas. Los esfuerzos de Jonatán eran similares a los de los líderes en la época de los jueces en Israel, y se estableció en Micmás para disfrutar de un período de paz (159-152 a.C.).

Un nuevo esfuerzo militar se revela cuando Alejandro Balas, rey de Siria, desafió abiertamente el poder de Demetrio I, y lo venció, declarándose monarca absoluto del imperio (150 a.C.). Jonatán apoyó esa insurrección contra el imperio seléucida de Demetrio I en la campaña militar, y recibió grandes honores por su apoyo, especialmente cuando asistió a la boda de Alejandro y Cleopatra, la hija de Tolomeo VI (1 Mac 10.65).

Jonatán no solo era un militar aguerrido y firme sino un político astuto y visionario. Aprovechó los conflictos internos entre los diversos líderes seléucidas, para establecerse como un líder en esa región del imperio. Inclusive, estableció buenas relaciones con los romanos y los espartanos. Y ese reconocimiento internacional, hizo que un representante de Antíoco VI, Trifón, lo engañara y llevara preso a Tolemaida (143 a.C.).

Un tercer hermano macabeo, Simón, trató de liberar a Jonatán de la cárcel, pero no pudo evitar su asesinato porque Trifón, el general seléucida, a base de engaños, no liberó al líder macabeo. Finalmente, Jonatán fue enterrado en Modín, que era una especie de patria de la familia macabea.

En medio de los continuos ataques e incursiones de Trifón en las regiones palestinas, Simón negoció un acuerdo de paz con Demetrio II, que fue determinante para la historia nacional política y social judía: Fue reconocido por el pueblo como el monarca de los judíos porque era sumo sacerdote, estratega militar y jefe de los justos. Inclusive, la historia comenzó a escribirse de acuerdo con los años que Simón estuvo en el poder (142 a.C.); en efecto, era rey de los judíos.

Una vez proclamado por el pueblo como soberano absoluto, Simón emprendió una serie de campañas militares y diplomáticas, y entre las que claramente se pueden identificar, están las siguientes: La conquista de Guézer y el triunfo sobre las fuerzas sirias ubicadas en Acra; además, restauró las relaciones con Roma y Esparta. Y esas acciones le produjeron varios años de paz.

Una vez más el horizonte político del Imperio seléucida comenzó a nublarse. Antíoco VII aspira al poder e intenta convencer a Simón a unirse a sus esfuerzos. Sin embargo, el rechazo del líder macabeo fue el preámbulo de una gran batalla en Cendebeo, en la cual los macabeos triunfaron contra los ejércitos de Antíoco VII (138 a.C.).

En el 134 a.C., el gobernador de la región de Jericó, Tolomeo, que también era su yerno, organizó una conspiración para matarlo, en el cual también asesinaron a sus hijos, Judas y Matatías. Inclusive, el plan pretendía acabar con la vida de Juan, que frustró la artimaña, y fue proclamado rey por el pueblo, en Jerusalén. Posteriormente, Juan respondió con fuerza a esas artimañas, y sitió la fortaleza de Doc, pero Tolomeo huyó a Filadelfia. Y de esa forma el hijo de Simón, Juan Hircano, llegó al poder de Judá, e inició una dinastía en Jerusalén que perduró más de medio siglo.

Los asmoneos (134-63 a.C.)

Los años iniciales de la administración de Juan Hircano fueron muy difíciles. Antíoco VII, resentido contra los macabeos, decidió terminar con la insurrección judía, y sitió la ciudad de Jerusalén, luego de desolar varias ciudades del territorio de Judá. Sin embargo, gracias a la intervención de Roma, Antíoco VII firma un tratado con Juan Hircano, y por el cual se levanta el sitio contra la ciudad. El precio de la paz fue muy alto, pues, además de los tributos, por varios años Juan Hircano y sus tropas, tuvieron que apoyar a Antíoco VI en sus guerras, especialmente en las batallas contra los partos.

Posterior a esas campañas bélicas contra los partos, Antíoco VII muere en plena guerra, y le sustituye en el trono su hijo, Demetrio II. Al inaugurar su administración, Demetrio II tuvo que luchar contra una insurrección interna, que provocó una guerra civil. En ese contexto de debilitamiento y desorganización en el imperio seléucida, Juan Hircano logró consolidar su poder, reconquistar varias ciudades en la región de Judá, y llegar a Transjordania para asumir el poder de Madaba, e imponer varias prácticas judías a los idumeos (p.ej., la circuncisión y el seguimiento a la Ley de Moisés). Como parte de esa política de conquista, destruyó también el templo de los samaritanos.

Las conquistas y los triunfos de Juan Hircano se deben a varios factores de importancia. De un lado estaba la inestabilidad política y social del imperio seléucida, y del otro, tuvo el apoyo firme e incondicional de un importante grupo de mercenarios, que le permitieron a Juan avanzar en su proyecto expansionista, además de consolidar sus triunfos nacionales e internacionales. Y uno de esos logros fue en el año 107 a.C., cuando la ciudad de Samaria cayó bajo el poder de los macabeos, con el liderato de sus hijos, Aristóbulo y Antígono.

Esas dinámicas políticas y sociales fueron el contexto adecuado para el desarrollo de dos grupos de importancia histórica dentro del judaísmo: los fariseos y los saduceos. Los fariseos fueron los herederos de las tradiciones y estilos iniciados por los *hasideos*, o asideos, que en los tiempos de Antíoco IV se habían opuesto vehementemente a las políticas helenistas impulsadas por el imperio seléucida. No obstante, los saduceos, aunque tímidamente, estaban dispuestos a aceptar la helenización moderada de los judíos.

Los fariseos seguían la Ley de Moisés, y las tradiciones orales que con el tiempo habían agregado a la Torá. Pertenecían a la clase media del judaísmo, y tenían buena aceptación en la comunidad. Por lo general, los saduceos pertenecían a las familias más acaudaladas de la ciudad, incluyendo las sacerdotales, y entre sus adeptos estaban los escribas, que ciertamente eran maestros de la Ley.

Aunque Juan Hircano comenzó sus labores religiosas, políticas y administrativas muy cerca de los fariseos, pronto se percató que ese sector del judaísmo era muy estricto en la interpretación de la Ley, y no favorecían que el poder religioso y civil estuviera en una misma persona. Por esas razones, se fue acercando de forma paulatina a los saduceos, que, aunque eran helenistas moderados, aceptaban sus estilos de gobierno, que ciertamente estaban influenciados por la cultura griega.

Durante esos años también surgió otro grupo sectario de judíos, que se identifican como esenios. Esa comunidad, de acuerdo con los manuscritos descubiertos en las cuevas cerca del mar Muerto, rechazaba la autoridad de los sumos sacerdotes de la familia asmonea. Por consiguiente, no aceptaba la legitimidad del culto en el Templo de Jerusalén. La teología de este grupo era esencialmente dualista, creía en la predestinación de las personas, ya que la entendían como parte de la voluntad de Dios.

Aristóbulo sucedió a Juan Hircano en el reino de Judá. Llegó al poder por medio de la fuerza y la inmisericordia: Asesinó a su madre y encarceló a tres de sus hermanos. Junto a Antígono desarrollaron un plan de conquista, y llegaron hasta la sección norte de la Galilea, y en el proceso, impuso el judaísmo como la religión oficial en los lugares conquistados. Sin embargo, no se puede ignorar las influencias del helenismo en Aristóbulo: Su nombre es griego, y en vez de etnarca se proclamó rey y sumo sacerdote de Judea, aunque su reinado fue muy breve, solo un año. Y al morir, su viuda Salomé Alejandra liberó a sus hermanos, y se casó con uno de ellos, Alejandro Janeo, que se convirtió inmediatamente en rey y sumo sacerdote.

La administración de Alejandro Janeo se caracterizó por los conflictos y las guerras, pues incorporó una política expansionista en la región. Como resultado de esa política imperialista, todo el territorio de la Palestina antigua cayó en su poder. Trató infructuosamente de conquistar Tolemaida; en Transjordania del norte conquistó las ciudades de Gadara y Amato; en la costa del Mediterráneo, en los antiguos territorios filisteos, conquistó Rafia y Anteponte, y posteriormente saqueó Gaza; además, ocupó Madaba en Transjordania central, y recaudó impuestos de Moab y de Galaad.

Un incidente en la administración de Alejandro Janeo, es digno de señalar: Mientras oficiaba como sumo sacerdote en una de las fiestas de los Tabernáculos, hubo una revuelta popular, que fue vigorosamente suprimida por las tropas de mercenarios a su servicio. Posiblemente, cometió algún error en los protocolos de culto y el pueblo unido protestó.

El período final de la vida de Alejandro Janeo fue muy violento. Luego de perder una batalla cerca de Siquén ante Demetrio II, regresó a Jerusalén y crucificó a los rebeldes implicados con las fuerzas extranjeras para derrocarlo. Fue un espectáculo de muerte y destrucción, de venganza y violencia. Y como estaba acostumbrado a las matanzas y los conflictos, aun enfermo, continuó con su proyecto belicista y luchó contra los nabateos. Su último conflicto armado fue en Ragaba, donde murió (76 a.C.), y su cuerpo fue llevado a Jerusalén.

El proyecto de guerra continua de Alejandro Janeo tuvo algunos logros militares de importancia. Al final de su vida, los territorios y las influencias políticas de la antigua Judea, eran similares a las fronteras amplias del reino de David y Salomón. Además, varias ciudades que se habían helenizado regresaron a sus raíces judías.

La esposa de Alejandro Janeo, Salomé Alejandra (76-67 a.C.), heredó el trono al morir su esposo. Esa transición fue más sobria que los cambios de poder tradicionales en el reino de Judea. Juan Hircano II ocupó el cargo de sumo sacerdote, y la nueva administración siguió una política religiosa y administrativa que ciertamente favorecían a las comunidades fariseas. Durante ese período de relativa calma y prosperidad, se mantuvo el control de sus fronteras, y los grupos fariseos adquirieron gran poder político y económico. Cuando Salomé Alejandra muere, le sucede su hijo, el ya sumo sacerdote, Juan Hircano II, pero su administración fue muy corta, duró en el trono solo tres meses.

La muerte de Juan Hircano II fue también muy violenta. Al poco tiempo de comenzar su reinado, su hermano, Aristóbulo II, otro de los hijos de Alejandro Janeo, recibió el apoyo de los grupos fariseos, de los líderes militares, y de quienes apoyaron y afirmaron las políticas bélicas de su padre, organizó un golpe de estado para derrocarlo. En el proceso, las fuerzas rebeldes de Aristóbulo II derrotaron a Juan Hircano II muy cerca de Jericó, que se rindió y renunció al trono en Jerusalén.

Aristóbulo II (67-63 a.C.) llegó al poder, y una de sus primeras decisiones fue tomar el poder político y religioso de la nación: Se proclamó rey y sumo sacerdote. Sin embargo, esas decisiones políticas internas en el reino, junto a las inseguridades nacionales que provocaban, causó preocupación entre los vecinos de Judá. Para responder a las tensiones en esas relaciones regionales de tensión, el gobernador de Idumea, Antípatro, se unió al rey de los nabateos, Aretas III, para destronar a Aristóbulo II, cuando asediaron la ciudad de Jerusalén.

En medio de la crisis, tanto Juan Hircano II como Aristóbulo II pidieron ayuda a Roma, para mantenerse en el poder. El Imperio romano estaba en la región con una presencia militar fuerte, y en medio de un proceso de conquista continua. Inclusive, en respuesta a las insurrecciones y guerras regionales, el general Pompeyo había incorporado los territorios sirios al Imperio romano (64 a.C.). Ese ambiente de crisis, y ciertamente el reconocimiento del poder y autoridad de Pompeyo, fue el comienzo del fin de la dinastía asmonea y el inicio de las influencias y el control del Imperio romano en Palestina.

Pompeyo continuó sus avances en las regiones sirias, palestinas y de Transjordania. En primer lugar, conquistó Jericó y dirigió sus fuerzas hacia Jerusalén. Aristóbulo II, ante las amenazas y los desafíos del general romano, decidió rendirse ante el asedio; la población y los soldados en Jerusalén, sin embargo, enfrentaron a Pompeyo. En el año 63 a.C. los romanos emprendieron su ataque final contra la ciudad. La victoria de Pompeyo fue firme. Durante la confrontación, Pompeyo respetó las infraestructuras del Templo, y reconoció a Juan Hircano II como sumo sacerdote y etnarca, pero no como rey.

Esas decisiones y acciones iniciales de Pompeyo revelan que Judá ya no sería un territorio independiente. Desde ese momento el pueblo judío en Jerusalén, y también en las ciudades vecinas, era parte del Imperio romano, al cual debía no solo respeto, obediencia y reconocimiento, sino tributos onerosos. En el proceso, se separaron del territorio judío las ciudades que habían permanecido con las tradiciones helenísticas, como las que estaban en la costa del Mediterráneo, desde las fronteras con Egipto hasta el monte Carmelo, y también Samaria, y varias comunidades de Transjordania.

Como resultado de la reorganización nacional, Judea formó parte de la provincia romana de Siria, gobernada por Scaurus; y Aristóbulo II, y sus dos hijos, Alejandro y Antígono, fueron llevados presos a Roma. De esa forma, la independencia de los judíos, que había costado mucho trabajo y sangre a los macabeos, llegaba a su fin. Los sueños de independencia finalizaron con una nueva potencia en el horizonte político y militar de la región: El gran Imperio romano.

La época asmonea en Palestina fue llena de violencia, guerras, golpes de estado, traiciones, sangre... Sin embargo, a la vez, fue un tiempo de gran expansión territorial del reino de Judá. Ese tipo de política expansionista requiere una administración con fuerte presencia militar, y una estructura económica y social bien definida. Aunque gobernaban a las comunidades judías, en las cuales las tradiciones de Moisés eran muy importantes, las acciones y decisiones de los asmoneos estaban fuertemente influenciadas por el helenismo, como evidencian los nombres griegos que mantuvieron.

Literatura apocalíptica

El mundo griego, y sus manifestaciones culturales como el helenismo, fue el contexto ideal para el desarrollo de un tipo de literatura conocida como apocalíptica. En medio del choque entre culturas fuertes y bien definidas, como la judía y la helénica, surge un tipo de escritos que tratan de entender la historia desde una perspectiva escatológica. Por medio de visiones y sueños, la literatura apocalíptica espera comprender y anunciar el fin de los tiempos, que era una manera teológica y literaria de responder a los graves y complejos conflictos interculturales.

Los escritores de temas apocalípticos presentan la esperanza como un elemento indispensable para dar sentido a las realidades históricas. La finalidad es visualizar una sociedad liberada de los conflictos y las adversidades que inquietaban a la gente de fe. Esta literatura mira al futuro como un mundo liberado de las angustias resultantes de las injusticias, las persecuciones, las guerras y otras calamidades humanas. En resumen, los temas apocalípticos expresiones literarias para incentivar la fe en medio de los problemas históricos y reales que viven las personas.

Apocalipsis es una palabra griega que significa "develación", "descubrimiento" o "revelación", y puede ser una alusión al proceso que descorre un velo que oculta algún objeto. En este contexto específico, apocalipsis es la literatura que quita la cubierta a lo oculto o escondido. Y en el entorno de la época asmonea, lo oculto era el sentido que tenía vivir en medio de adversidades contra la identidad misma del pueblo judío. Ante los ojos de los creyentes, la realidad adversa, oculta el significado profundo de los acontecimientos, que se revelará con claridad al final de los tiempos.

Los escritores de este tipo de literatura entendían que Dios, en su sabiduría, conoce el destino final de la historia desde el comienzo mismo de los tiempos. Ese Dios sabio, ha revelado los detalles del fin de los tiempos, por medio de visiones y sueños, a este singular tipo de videntes o profetas. El objetivo específico de estos profetas apocalípticos era revelar los misterios divinos a la humanidad, y para lograrlo utilizaban varias formas literarias como poemas, cánticos y parábolas.

Los apocalipsis o las revelaciones son literatura para tiempos de crisis, momentos de adversidad, instantes de desesperanza. Contienen un mensaje de esperanza y revela acontecimientos por suceder en el futuro. Destacan la experiencia de fe de personas en necesidades especiales; manifiestan la religión de gente cautiva; y presentan las aspiraciones de pueblos oprimidos. Responden con inteligencia las preguntas de las comunidades y personas que sufren: ¿Dónde está Dios en mis dolores? ¿Por qué me suceden estas cosas? ¿Cómo es posible que los justos sufran y los malvados disfruten de la vida sin sufrir complicaciones?

Las visiones apocalípticas presuponen un Dios que tiene conocimiento y control de la historia humana. Aunque las acciones humanas carezcan de sentido y brinden la imagen de caos, el Dios de los escritores apocalípticos afirma que nada ocurre por casualidad, ya que lo que aparentemente carece de sentido, tiene un propósito claro en su voluntad. Toda la historia, desde los instantes mismo de la creación, hasta el final de los tiempos, está guiada por la voluntad divina, y esa percepción teológica era fuente de esperanza y seguridad. El Dios que inicia la historia también la pondrá fin, con los dolores y las adversidades que padece la humanidad, particularmente la gente de fe, cuando se cumpla cabalmente su voluntad.

El medio de la sociedad asmonea, este tipo de literatura apocalíptica floreció, pues las guerras continuas, y las manifestaciones de violencia hacia las comunidades deseosas de ser fieles a Dios y a las tradiciones de sus antepasados, truncaron la esperanza del pueblo judíos en la historia previsible. Y cuando la esperanza se desvanece de los horizontes históricos, se posponen para los tiempos escatológicos. El apocalipticismo aumentó en los tiempos de los asmoneos, pues la comunidad de fe judía fue perdiendo la esperanza en las instituciones humanas y prefirió creer en la voluntad de Dios, quien controla la historia.

Influencias del judaísmo en la vida de Saulo de Tarso

El judaísmo es la más antigua de las religiones monoteístas originadas en el Oriente Medio. El judaísmo, juntamente con el cristianismo y el islamismo, se considera una de las religiones del Libro o abrahámicas. La práctica del judaísmo se fundamenta en la lectura, comprensión e interpretación de la Torá o del Pentateuco. En la práctica ortodoxa de la fe judía, esa Torá o Ley fue entregada a Moisés e interpretada por los profetas bíblicos. Finalmente, esa Ley, sus enseñanzas e implicaciones se convirtieron en el marco de referencia ético, moral y espiritual de la práctica de la fe judaica.

Como el mundo de Saulo en la ciudad de Tarso estaba inmerso en las corrientes helénicas y las políticas romanas, el judaísmo que influenció su vida y aprendizaje estaba directamente relacionado a esas fuerzas filosóficas y administrativas. En la diáspora, el judaísmo ocurría en ambientes politeístas que afectaban no solo sus vivencias cotidianas sino hasta el idioma, ya que paulatinamente el griego sustituyó el arameo como idioma de comunicación diario. Posteriormente, el latín se sobrepuso al griego como la lengua franca asociada a los países bajo la autoridad del Imperio romano.

Posiblemente, la contribución más importante del helenismo al mundo judío se asocia a la traducción de la Biblia hebrea al griego, que tradicionalmente se conoce como la Septuaginta (LXX) o la Versión de los Setenta. Esa traducción de la Biblia se convirtió en el texto más utilizado por las comunidades judías en el mundo helenístico, especialmente en Alejandría. Posteriormente, esa Versión de los Setenta o Septuaginta se convirtió en el texto del Antiguo Testamento básico para las comunidades cristianas y especialmente para la presentación de las enseñanzas del apóstol Pablo.

El judaísmo se fundamenta en las enseñanzas del Tanaj, que para las iglesias cristiana es el Antiguo Testamento. Las narraciones de estas Escrituras hebreas comienzan en la creación del mundo hasta la construcción de lo que conocemos como el Segundo Templo, al retorno de los exiliados judíos a Babilonia, que posteriormente fue transformado en el Tempo de Herodes, en el primer siglo de la era cristiana.

La Torá o Ley de Moisés es el fundamento ético, moral y espiritual del judaísmo. Los llamados Diez Mandamientos constituyen la espina dorsal de la formación de las comunidades de fe judías en la ciudad de Jerusalén, en la región de la Galilea y también para los de la diáspora. Y junto a esos Mandamientos, las autoridades judías en la época de Jesús y Pablo ya había elaborado una serie adicional y extensa de enseñanzas y regulaciones para explicar y aplicar las leyes mosaicas al pueblo. Esos preceptos eran 613: 365 que aluden a lo que el pueblo debía evitar y que representan las actividades que debían realizar todos los días del año; y otros 248, que representaban todos los órganos del cuerpo, y aluden a lo que la gente de fe debe hacer.

A esa comprensión tradicional que tuvo Pablo del judaísmo farisaico en Tarso, debemos añadir las enseñanzas de Gamaliel, el notorio rabino de Jerusalén. El futuro apóstol Pablo estudió bajo el liderato de este fariseo, que era reconocido por sus interpretaciones de la Ley de

Moisés y las tradiciones judías, y por ser un miembro prominente del Sanedrín del primer siglo. Esa distinción pública y reconocimiento en la comunidad se presenta en el libro de Los Hechos de los apóstoles (Hch 22.3). El nombre de este rabino en hebreo y en griego antiguo significa "recompensa de Dios".

El aprecio al rabino Gamaliel no solo se debe a sus enseñanzas, sino por su honorable trasfondo familiar. Él era nieto de Hilel el Sabio, otro rabino eminente, que representó una tradición liberal muy importante del judaísmo, en contraposición a las enseñanzas del rabino Shamai, que exponía comprensiones más tradicionales de la Ley de Moisés.

La autoridad religiosa y moral de Gamaliel, de acuerdo con el testimonio bíblico se manifiesta al intervenir en una importante reunión del concilio para salvar la vida a Pedro y los apóstoles (Hch 5.33-42). El Talmud babilónico, junto al nombre de Gamaliel y al de su abuelo, Hilel, añade las expresiones como "el Mayor" y "el Anciano", respectivamente. En el Talmud, Gamaliel es el primer líder judío reconocido como "Rabbán", que significa "nuestro rabino".

Algunas tradiciones cristianas tardías aluden que con el tiempo Gamaliel se cristianizó y fue bautizado por el apóstol Pedro. Además, indican que Gamaliel se mantuvo en el Sanedrín para apoyar a los cristianos. No obstante, el fundamento histórico de esta tradición muy difícil de corroborar.

Capítulo 2:
SAULO DE TARSO

Yo mismo tengo motivos para tal confianza. Si cualquier otro cree tener motivos para confiar en esfuerzos humanos, yo más: circuncidado al octavo día, del pueblo de Israel, de la tribu de Benjamín, hebreo de pura cepa;
en cuanto a la interpretación de la ley, fariseo; en cuanto al celo, perseguidor de la iglesia; en cuanto a la justicia que la ley exige, intachable. Sin embargo, todo aquello que para mí era ganancia, ahora lo considero pérdida por causa de Cristo.
Es más, todo lo considero pérdida por razón del incomparable valor de conocer a Cristo Jesús, mi Señor. Por él lo he perdido todo, y lo tengo por estiércol, a fin de ganar a Cristo y encontrarme unido a él.
No quiero mi propia justicia que procede de la ley, sino la que se obtiene mediante la fe en Cristo, a justicia que procede de Dios, basada en la fe.
Filipenses 3.4-9 NVI

Fuentes para nuestro estudio

La importancia del apóstol Pablo en el crecimiento del cristianismo y desarrollo teológico de las iglesias es incuestionable. Sus cartas con recomendaciones pastorales, interpretaciones de la Ley de Moisés y reflexiones teológicas en torno a Cristo y su misión, han jugado un papel preponderante en la vida de las iglesias a través de los siglos. Las enseñanzas y teologías de Pablo han traspasado los límites geográficos, lingüísticos y culturales, y han influenciado a las iglesias y las sociedades del siglo 21.

La importancia de la doctrina paulina para la fe cristiana requiere un estudio preciso sobre su vida, acciones y pensamientos. Para lograr este objetivo debemos revisar las fuentes antiguas y hacer un estudio sistemático de las contribuciones de Pablo a la vida de las congregaciones y al desarrollo de sus líderes. Esas fuentes, unas cristianas y otras seculares, canónicas y no canónicas, revelan su trasfondo familiar, educativo, religioso y cultural; además describen sus actividades asociadas a la propagación de la fe cristiana en un mundo filosóficamente griego, políticamente romano y religiosamente judío o politeísta.

Las fuentes cristianas acerca de Saulo de Tarso y su transformación en el apóstol Pablo son canónicas y apócrifas, es decir documentos bíblicos y extrabíblicos. Desde la perspectiva escritural, en primer lugar, están las cartas que tradicionalmente se han atribuido al apóstol. Los documentos protopaulinos, asociados directamente con el ministerio del apóstol; y los deuteropaulinos, vinculados con el apóstol o con algunos de sus seguidores cercanos.

El primer grupo de documentos cristianos y canónicos, que contiene información valiosa respecto al apóstol, su pensamiento y sus prácticas son siete, en orden cronológico son: Primera (y posiblemente la Segunda) Carta a los Tesalonicenses, Primera y Segunda Carta a los Corintios, Carta a los Filipenses, Carta a Filemón, Carta a los Gálatas y Carta a los Romanos. Estas cartas o epístolas también son conocidas como escritos auténticos de Pablo.

El Nuevo Testamento incluye otras cartas, también asociadas al apóstol, que ciertamente reflejan pensamiento paulino, pero que se pueden relacionar con algunos de sus discípulos. Entre esas cartas están: Carta a los Colosenses y Carta a los Efesios (enviadas desde la cárcel), la Segunda Carta a los Tesalonicenses, y las tres cartas pastorales, dos enviadas a Timoteo y una a Tito. Esta literatura incluye reflexiones teológicas de gran importancia, y la hace una fuente indispensable para identificar y estudiar el desarrollo teológico y ministerial del apóstol.

Otra fuente bíblica importante para estudiar a Pablo es el libro de los Hechos de los Apóstoles. Esa obra lucana, dedica un espacio considerable del escrito para presentar las actividades misioneras y apostólicas del apóstol a los gentiles. Y aunque el libro fue escrito varias décadas luego de las primeras epístolas del apóstol, incluye una cronología de sus actividades que no debemos subestimar. Casi un setenta y cinco por ciento del libro de los Hechos habla de Pablo, y el estudio detenido de esta obra da ideas claras de su personalidad y de sus actividades en diversos lugares, desde Jerusalén, Antioquía y Damasco hasta el Asia Menor y Europa.

La información en torno a Pablo no termina con las fuentes bíblicas. Hay un grupo de libros asociados con el nombre de Pablo que se fundamentan generalmente en las narraciones bíblicas, pero presentan actividades y pensamientos del apóstol que provienen de varios siglos después de su muerte.

Entre esta literatura está los *Hechos de Pablo y Tecla*, escrito a mediados del siglo segundo de la era cristiana. Esta obra es una especie de novela que presenta al apóstol Pablo como el protagonista en una serie de actividades, a las cuales se alude en la literatura canónica. Además, el *Apocalipsis de Pablo*, escrito por los siglos cuarto o quinto, presenta una serie de comprensiones escatológicas de la teología paulina que se incluyen en el Nuevo Testamento.

Otra literatura antigua extrabíblica que alude al apóstol Pablo son las homilías que se atribuyen a Clemente de Roma, además, del libro de *Reconocimientos*, que proviene del siglo cuarto, y presenta la polémica contra las enseñanzas paulinas por el siglo segundo. A estos escritos debemos añadir las cartas apócrifas que se atribuyen a Pablo, como las de Corinto, Laodicea, Alejandría y Colosas. También, entre esa literatura postcanónica, se debe incluir la correspondencia entre Pablo y el filósofo Séneca, del siglo cuarto, junto a la *Oración de Pablo*, encontrada entre los escritos de Nag Hammadi en Egipto, donde se revela las influencias del gnosticismo en las comunidades cristianas de los primeros siglos.

Estas obras apócrifas destacan la importancia que tuvo el pensamiento, la teología y las actividades de Pablo en las primeras generaciones de cristianos. Además, esta literatura revela el impacto religioso, moral, espiritual y social del apóstol en las comunidades cristianas y judías de los primeros siglos de la era cristiana. Y por explorar temas que Pablo presentó en sus enseñanzas, y exponerlas en contextos variados a través del tiempo, se convierten en fuentes de importancia en nuestro estudio y análisis de la vida, las acciones, el pensamiento, las enseñanzas y la teología del apóstol a los gentiles.

Junto a las fuentes cristianas también hay una serie de recursos literarios, epigráficos y arqueológicos que pueden contribuir positivamente a la comprensión del apóstol Pablo y su misión. Entre estas fuentes están las obras de Flavio Josefo, especialmente las *Guerras de los judíos*, escritos por el año 70 d.C., las *Antigüedades judías* y la *Autobiografía*, ambas de finales del primer siglo. También hay otras obras de Josefo de principios del segundo siglo que nos permiten ubicar las enseñanzas del apóstol en un contexto político, religioso y social bien definido.

Los descubrimientos arqueológicos también aportan a nuestra comprensión del ministerio de Pablo, especialmente los que se encuentran en las ciudades donde el apóstol desempeñó su tarea misionera. Las inscripciones encontradas en Antioquía de Siria, Filipos, Tesalónica, Corinto y Éfeso corroboran dinámicas a las que Pablo alude en sus cartas. Esos hallazgos confirman las condiciones económicas, administrativas y espirituales de las comunidades a las que Pablo anunció las buenas nuevas del evangelio. Y los papiros descubiertos en Egipto nos dan un perfil más amplio de la vida del apóstol en medio de sus realidades cotidianas.

Saulo de Tarso - el apóstol Pablo

El apóstol Pablo es uno de los personajes bíblicos de gran importancia teológica e histórica en las Sagradas Escrituras. Esa importancia se puede relacionar con su tarea apostólica y misionera, sus enseñanzas a las congregaciones, y sus contribuciones teológicas a la vida de las iglesias, los creyentes y los líderes eclesiásticos, y especialmente con su experiencia radical de conversión. Una experiencia transformadora en nueva persona, con un sentido ético, moral y espiritual claro y diferente en su vida.

De acuerdo con las narraciones en el libro de los Hechos de los Apóstoles, Saulo de Tarso era un líder judío ferviente y celoso, fariseo de fariseos, que se proponía destruir el incipiente grupo de seguidores de un rabino galileo, Jesús. No obstante, de camino a llevarse preso a las personas, una luz del cielo lo alumbró y cayendo al suelo al suelo oyó una voz que cambió radicalmente el rumbo de su vida. Oír la voz y dirección de Dios, transformó su manera de pensar, y cambió sus prioridades y valores, y se convirtió en un proclamador del evangelio (Gá 1.22), un heraldo y apóstol de Cristo (1 Ti 2.7) y un maestro de la fe y la verdad (2 Ti 1.11).

> *Después de tres años, subí a Jerusalén para visitar a Cefas y me quedé con él quince días. No vi a ningún otro de los apóstoles; solo vi a Santiago, el hermano del Señor. Dios me es testigo de que en esto que les escribo no miento. Más tarde fui a las regiones de Siria y Cilicia. Pero en Judea las iglesias de Cristo no me conocían personalmente. Solo habían oído decir:*
> *«El que antes nos perseguía ahora predica la fe que procuraba destruir». Y por causa mía glorificaban a Dios.*
> Gálatas 1.18-24 NVI

De la lectura cuidadosa de la literatura paulina vemos varios detalles autobiográficos del apóstol que debemos identificar y estudiar. Sus mensajes en cartas proveen un buen contexto para presentar detalles de personales y familiares.

Es interesante notar que reiteradamente el apóstol alude a sí mismo con el nombre griego de Pablo o *Paulos*. Esas referencias aparecen unas 158 veces en el Nuevo Testamento que, en efecto, claramente revelan que la identidad paulina está directamente asociada con la cultura griega. Esa referencia continua al nombre griego del apóstol se incluye de forma sistemática en el libro de los Hechos de los Apóstoles, y pocas veces lo presenta con su nombre hebreo, Saulo (p.ej., Hch 13.7-9), que significa "pedido (a Dios)", y que lo asocia con el primer monarca del pueblo de Israel y con la tribu de Benjamín (Fil 3.5; Ro 11.1).

El uso continuo de su nombre griego, puede ser una forma de aludir a la ciudadanía romana de Pablo. Aunque el apóstol no habla abiertamente de ese tema en sus cartas, esa peculiaridad legal se observa en sus referencias a la ciudadanía y los deberes civiles que tenía ante las autoridades romanas (Fil 1.27; 3.20; Ro 13.1-7). Además, no podemos subestimar el hecho de que en su tarea misionera, el apóstol seleccionó ciudades que eran parte del sistema colonial del Imperio romano (p.ej., Filipos, Corinto y Éfeso). Hay que resaltar que Pablo veía la ciudad de Roma como el objetivo fundamental de su proyecto misionero.

Sin embargo, la mejor prueba de la ciudadanía romana de Pablo, ese evidencia en que las acusaciones, el juicio y los procesos legales en su contra se transfirieron al sistema judicial de Roma, específicamente al tribunal del emperador (Hch 25.11-12). Ese importante cambio en la administración de la justicia manifiesta uno de los privilegios de la ciudadanía romana en la antigüedad. Era una manera de asegurar que el ciudadano recibiera todos los derechos que le correspondía, por su condición de ciudadano de Roma. Y aunque en ocasiones lo maltrataron y disciplinaron, como la flagelación ocurrida en Filipos (Hch 16.22, 38; 2 Co11.25), castigos no permitidos de imponer a los ciudadanos romanos, la literatura antigua atestigua que regularmente se ignoraban esas normas legales en diversos lugares del Imperio.

Pablo provenía de Tarso, una ciudad muy importante de la provincia romana de Cilicia, según las narraciones bíblicas (Hch 21.39). La afirmación se presenta en el contexto de la intervención del tribuno romano Claudio Lisias, en los alrededores del Templo de Jerusalén, cuando una turba judía trató de matar a Pablo. Hay que resaltar que el oficial romano confundió a Pablo con algún líder judío que buscaba sublevar al pueblo contra el Imperio, pero se sorprendió al oír que hablaba griego. El apóstol pidió permiso para hablar al pueblo en el dialecto hebreo, y se puso de pie en las escalinatas de la Fortaleza Antonia.

En su discurso al grupo judío, Pablo presenta sus credenciales nacionales, religiosas y académicas. Afirmó que era judío, que nació en la diáspora, en la ciudad de Tarso, pero se crio en Jerusalén, y estudió con uno de los rabinos más distinguidos de la época, Gamaliel; además, en su discurso, afirma su obediencia a la Ley de Moisés, para evidenciar su compromiso con el judaísmo y la religión de sus antepasados.

La ciudad de Tarso pertenecía a la provincia de Cilicia y era parte del sistema colonial romano. Durante el período de los seléucidas y los romanos, la ciudad se desarrolló socialmente y económicamente. Pompeyo, luego de liberar a la región de Cilicia, escogió a la ciudad de Tarso como la sede del gobernador romano de la región (67 a.C.). No debemos ignorar que Cicerón vivió en los años 50 a.C. en la ciudad, como representante oficial del Imperio romano. Además, en Tarso se realiza el encuentro importante entre Marco Antonio y Cleopatra. Con el tiempo, la ciudad alcanzó buen desarrollo a nivel político, social, económico y cultural.

Respecto al desarrollo económico, la ciudad de Tarso se convirtió en un centro comercial de importancia entre las ciudades del Oriente y del Occidente. Además, su buena ubicación geográfica le permitía acceso directo al mar por el río Cidno, y por el norte se llegaba a las principales vías de comunicación entre Éfeso y el mar Egeo. Tarso también tenía minas de hierro y comerciaba lana y lino, que provenían de Anatolia. Por ser parada de caravanas de mercaderes de la región, desarrolló también el comercio de perfumes, vino y productos agrícolas.

Además del desarrollo económico de la ciudad, Tarso es importante por su desarrollo cultural y político. Las intervenciones frecuentes de filósofos estoicos transformó la ciudad en un centro cultural de gran importancia. Sus programas educativos eran reconocidos internacionalmente, pero sus escuelas estaban llenas de estudiantes locales, que destaca el crecimiento cultural de sus ciudadanos. En efecto, Tarso con el tiempo se convirtió en un buen referente de la filosofía y la poesía griega.

En Tarso se podía disfrutar experiencias culturales magníficas por tener una economía creciente y fuerte y un sistema político estable. Allí se organizó paulatinamente una colonia judía, que con el tiempo llegó a ser un integrante de importancia en la comunidad. La familia de Saulo provenía de ese particular entorno cultural, económico, comercial, político y religioso. Flavio Josefo y Cicerón hablan de los orígenes de esa comunidad judía en Tarso, y destacan el asentamiento en las zonas de Lidia y Frigia, y rechazan las colectas de dinero para el Templo de Jerusalén. Y referente a las sinagogas helenísticas que estaban en Jerusalén, el libro de los Hechos alude a la de la comunidad de los judíos de Cilicia (Hch 9.6). Posiblemente, esa sinagoga era el lugar de reunión de Saulo, mientras estudiaba judaísmo en Jerusalén con el rabino Gamaliel.

La familia del apóstol

La familia de Saulo provenía de la tradición judía asociada al fariseísmo, y esa singular experiencia religiosa se produjo durante la diáspora. De acuerdo con una tradición antigua de muy difícil corroboración, la familia del apóstol era originalmente de una pequeña ciudad galilea, Yiscala, que en respuesta a la presencia de los ejércitos romanos y sus políticas imperialistas en la región, decidió mudarse a la ciudad de Tarso en Cilicia. Y ese entorno religioso y cultural de la diáspora sería el marco de referencia principal de Pablo.

La tradición que afirma que la familia de Pablo provenía de la Galilea se identifica también en varios documentos como una fábula o rumor, que revela el fundamento poco estable de dicha información. Esa referencia geográfica puede ser una manera de indicar que los antepasados de Saulo rechazaban las políticas que implantaba Roma en medio de los territorios conquistados.

Posiblemente, en este sentido, es mejor fundamentar nuestra comprensión religiosa y familiar del apóstol, cuando refiere las razones por las cuales se debía sentir orgulloso: circuncidado al octavo día, es parte del pueblo de Israel, de la tribu de Benjamín, hebreo de hebreos, fariseo, perseguidor de la iglesia e intachable en cuanto la observancia de la Ley (Fil 3.4-6). Según el testimonio del apóstol, esas cualidades, que podrían ser motivos de orgullo y honra para cualquier persona, él las consideraba como "pérdida" o "estiércol", por causa de Cristo. Su nueva identidad, luego de su experiencia de conversión, motiva a Pablo a considerar y reinterpretar sus raíces, para descubrir, afirmar y disfrutar su nueva vida en Cristo.

El tema de las raíces judías del apóstol se presenta en otros contextos de sus cartas. En medio de una serie de discusiones y polémicas contra los llamados "superapóstoles", Pablo reitera su trasfondo judío sin inhibición (2 Co 11.21). Además, de manera pausada y sobria, afirma que, aunque ha dedicado su vida a Cristo, se considera parte del pueblo escogido, al que Dios mismo reveló su poder y la Ley, y de donde proviene el Mesías (Ro 9.4-5). Como es parte de la gran herencia hebrea, Pablo reitera que es israelita de la descendencia de Abraham y de la tribu de Benjamín (Ro 1.1). Ese componente familiar e histórico de Pablo, en efecto, lo marcó indeleblemente para toda la vida (Ro 11.29).

> *Digo la verdad en Cristo; no miento. Mi conciencia me lo confirma en el Espíritu Santo. Me invade una gran tristeza y me embarga un continuo dolor. Desearía yo mismo ser maldecido y separado de Cristo por el bien de mis hermanos, los de mi propio pueblo, el pueblo de Israel. De ellos son la adopción como hijos, la gloria divina, los pactos, la Ley, el privilegio de adorar a Dios y el de contar con sus promesas. De ellos son los*

> *patriarcas y de ellos, según la naturaleza humana, nació Cristo, quien es Dios sobre todas las cosas. ¡Alabado sea por siempre! Amén.*
> Romanos 9.1-5 NVI

La literatura paulina revela, además, un componente familiar más cercano e íntimo. En sus cartas, el apóstol incluye un saludo a sus "parientes", que lo ubican ciertamente en su contexto familiar específico, íntimo y cercano. Entre los saludos finales de Pablo al final de la Carta a los Romanos, menciona a Andrónico y a Junías (Ro 16.7), y a Herodión (Ro 16.11), como parientes. En ese contexto la referencia a Rufo es singular (Ro 16.13), pues el apóstol identifica a la madre de éste como una figura maternal para él.

Las narraciones que se incluyen en el libro de los Hechos de los apóstoles hacen referencia a "parientes" de Pablo adicionales en sentido familiar, estricto y literal. El hijo de su hermana, es decir, su primo, lo visita en la cárcel de Jerusalén y le informa que un grupo de judíos celosos quería asesinarlo en medio de una audiencia ante el Sanedrín. Pablo revela la conspiración al comandante romano, que ordena trasladarlo a Cesarea Marítima, la sede de la gobernación regional que tenía un nivel de seguridad mayor y eficaz (Hch 23.12-35).

Uno de los temas que más ha causado intriga en la vida de Pablo es su estado civil: ¿El apóstol era casado? Y ese interés no solo lo demostraron los investigadores contemporáneos de la vida de Pablo, sino que se manifiesta en los escritores antiguos. Tanto Clemente de Alejandría como Orígenes pensaban que el apóstol tenía esposa, pero que después de su conversión al cristianismo había decidido separarse para dedicar su vida a la tarea misionera. Y algunos estudiosos identifican a Lidia, que provenía de la ciudad de Tiatira, que era comerciante de púrpura y que se había convertido en Filipos, como la esposa del apóstol. El fundamento real de esa percepción, en el mejor de los casos, es muy superficial.

En sus enseñanzas a las iglesias, el apóstol destaca reiteradamente las virtudes del celibato. Pablo aconseja que las personas se mantengan solteras, pero que, si no pueden superar sus deseos sexuales, es mejor que contraigan matrimonio (1 Co 7.6-9). Inclusive, aconseja a los solteros y a las viudas de Corinto que se queden sin casar.

La realidad histórica es que son muy raros los casos de rabinos y líderes judíos que decidían no casarse para dedicarse al estudio de la Ley de Moisés. La costumbre en las comunidades judías es que los jóvenes contrajeran matrimonio como a los 18 años, de acuerdo con las tradiciones rabínicas. Solo los candidatos a rabinos postergaban el matrimonio para cuando culminaran sus estudios. Y como parte de su cultura, lo más probable es que Pablo era casado, pero que, al dedicarse a la tarea apostólica y misionera, su esposa e hijos se quedaron en el hogar mientras él cumplía sus responsabilidades vocacionales. Sin embargo, en el Nuevo Testamento no se alude a la esposa ni a los hijos de Pablo.

Pablo en las culturas judía y griega

La formación teológica de Saulo de Tarso se produce en medio de varios ambientes. El primer lugar, el entorno familiar cumple una función importante referente a los valores morales resultantes de las dinámicas y enseñanzas religiosas. Luego, las reuniones en la sinagoga y en sus instituciones educativas contribuyen al estudio de la literatura importante y necesaria para comprender la vida desde las perspectivas históricas, morales, éticas y espirituales. Y los ambientes culturales en los cuales creció y se nutrió, le permiten al joven judío adquirir las perspectivas de la vida que le ayudarán en su desarrollo político y religioso.

La lectura de la Carta a los Filipenses revela detalles que contribuyeron de forma sustancial a la formación del apóstol (Fil 3.4-6). Esas condiciones familiares, religiosas, étnicas y culturales presentan el marco de referencia general de sus valores, comprensiones políticas y sociales, perspectivas teológicas, y prácticas religiosas.

El primer entorno educativo para el apóstol Pablo fue su familia. En ese contexto íntimo, en primer lugar, se aprenden los lenguajes de la sinagoga y de los documentos sagrados: el arameo y el hebreo. Y ese componente lingüístico, que se producía en los diálogos de hogar sencillos, en la repetición reiterada de las oraciones tradicionales, y en la memorización sistemática de pasajes de la Biblia hebrea, prepararon el camino para que Saulo pudiera vivir conforme a las leyes judías; por ejemplo, guardar el sábado, participar en las festividades religiosas anuales, y cumplir con las regulaciones alimenticias.

La responsabilidad del padre comenzaba con hacer circuncidar al hijo a los ocho días de nacido; además, debía enseñarle los valores de la Ley y llevarlo semanalmente a la sinagoga. Esas experiencias brindaban la formación básica de familia a la niñez judía. Y en medio de esas enseñanzas, se presentaban los valores fundamentales que se desprenden del conocimiento y la revelación de Dios: por ejemplo, la justicia, el amor, la paz, el respeto a la dignidad humana, el perdón y la misericordia, entre otros.

Junto a las sinagogas, las comunidades judías desarrollaban escuelas que enseñaban a leer y escribir a los niños y que, además, preparaban a los estudiantes en la lectura de la Biblia, la Mishná (o la tradición), y el Talmud (o las enseñanzas). El proceso educativo comenzaba con el estudio de la Torá o Ley de Moisés, específicamente con el libro de Levíticos. La metodología educativa se fundamentaba en la memorización y repetición de lecturas, que preparaba a los estudiantes para las interpretaciones y aplicaciones de la Ley y las regulaciones judías.

En el caso específico de Saulo, su formación no se limitó a sus experiencias familiares y a los programas que se ofrecían en la sinagoga de la ciudad de Tarso. De acuerdo con las narraciones del libro de los Hechos (Hch 22.3), se trasladó muy joven a Jerusalén para proseguir su experiencia de educación superior en la escuela de uno de los educadores judíos más distinguidos y apreciados de su época, el rabino Gamaliel. En ese nuevo contexto docente, prosiguió su desarrollo académico, emocional y espiritual bajo las más estrictas interpretaciones de la Ley.

Gamaliel era nieto de otro rabino de Jerusalén muy distinguido, Hillel el Viejo, y su comprensión de las tradiciones judías era particularmente farisea. Los relatos del libro de los Hechos indican que Gamaliel intervino a favor de los apóstoles y las comunidades cristianas en una controversia ante el Sanedrín (Hch 5.34). Y esa tendencia teológica que recibió Pablo a los pies de Gamaliel, se expresan con claridad en sus cartas apostólicas, en las cuales se presenta como "fariseo de fariseos" (Gá 1.13-14), pues observaba sistemáticamente y escrupulosamente la Ley (Fil 3.5-6).

Las dinámicas pedagógicas y culturales que influenciaron de forma significativa el pensamiento y la vida de Pablo no provienen únicamente de la cultura hebrea del judaísmo. Como su familia vivía en la diáspora de la ciudad de Tarso, la cultura griega lo marcó de manera indeleble. Pablo escribía sus cartas en griego, que evidencia su dominio del idioma. Las citas que hace el apóstol de la Biblia hebrea provienen mayormente de su traducción griega, conocida como la Septuaginta o Versión de los Setenta (LXX), pues esa era la utilizada mayormente en las sinagogas de la diáspora.

Aunque los idiomas primarios de Saulo eran el hebreo en la sinagoga y posiblemente el arameo en el hogar, aprendió griego como su segunda lengua, no solo en la escuela de la sinagoga, sino en la comunidad donde ese idioma era la lengua principal. Además las dinámicas comerciales, políticas y culturales en Tarso y en Cilicia usaba el idioma oficial griego. Inclusive, como Jerusalén y Judea eran centros culturales internacionales, Pablo debió hablar en griego cuando estudiaba en esa ciudad con el rabino Gamaliel, ya que los judíos de la diáspora frecuentaban las sinagogas con influencias culturales helenísticas.

Las cartas de Pablo se escribían en una singular forma del lenguaje conocida como griego *koiné* o "común". El análisis del estilo literario de Pablo revela que utiliza un lenguaje urbano, comercial, administrativo, jurídico y deportivo. Uno de sus argumentos es la comparación de la vida cristiana con un atleta. Resalta la importancia de no perder el sentido de dirección ni las fuerzas para llegar a la meta (1 Co 9.24-27). Y para lograr esa meta en la vida, hay que entrenar con mucha disciplina continuamente.

El apóstol utiliza el lenguaje militar para destacar la importancia de la perseverancia y la determinación, como factores indispensables para lograr la victoria en la vida cristiana. También aconseja vestir la coraza de la fe y el amor, y usar el casco de la esperanza de salvación (1 Ts 5.8). Además, utiliza ese lenguaje militar para referirse a las armas del poder de Dios, que están prestas a vencer las fuerzas del mal (2 Co 10.3-4).

> *... pues aunque vivimos en el mundo, no libramos batallas como lo hace el mundo. Las armas con que luchamos no son del mundo, sino que tienen el poder divino para derribar fortalezas.*
> 2 Corintios 10.3-4. NVI

Cuando Pablo utiliza el lenguaje o las imágenes jurídicas en sus enseñanzas, recurre a la cultura griega en general del mundo grecorromano. La comprensión de las diversas regiones que funcionan bajo el Imperio se fundamenta en la administración romana. Por esa razón, Pablo se refiere directamente a las regiones de Siria, Cilicia, Asia, Galacia, Macedonia, Acaya, Ilírico y España, pues eran las divisiones geopolíticas bajo Roma. Inclusive, cuando se comunica con los creyentes de Filipos, una colonia romana, los invita a actuar como "ciudadanos", y les recuerda que la verdadera patria está en los cielos, donde deben esperar a Jesucristo (Fil 1.27; 3.20).

Ese conocimiento de la cultura griega y grecorromana se evidencia en su uso de elementos importantes de la retórica en la literatura helenística. También se evidencian en su uso de expresiones, palabras y frases relacionadas con las corrientes filosóficas tradicionales de la época, como el estoicismo y el pensamiento de Platón. Inclusive, el apóstol menciona autores griegos (1 Co 15.33) y a los cultos de misterio.

Este análisis de la literatura y del pensamiento de Pablo lo ubica en el primer siglo de la era cristiana. Además, el apóstol se desempeña en medio de la cultura grecorromana que se relaciona de forma continua con el judaísmo de la diáspora.

Perspectivas sociales, laborales y personales

La lectura atenta de la literatura paulina y la evaluación de los diversos contextos sociales, políticos y religiosos donde el apóstol se desempeñaba, ponen en evidencia sus realidades sociales, laborales y personales. Nació en una ciudad económicamente y culturalmente desarrollada, hizo estudios avanzados en Jerusalén, en una de las instituciones judías más reconocidas de su época, vivió en medio de la diáspora judía en diálogo continuo con la cultura grecorromana, y viajó por varias ciudades importantes del Imperio romano. Y esas realidades que rodearon el crecimiento y la vida de Saulo de Tarso, contribuyeron a su formación emocional, intelectual y espiritual.

Pablo, en resumen, era una persona con muy buena educación y situación económica, que conocía la Biblia hebrea y sus tradiciones, y hablaba hebreo y arameo, además de comunicarse bien en griego, de manera hablada y escrita. El apóstol era una persona culta que podía vivir en la diáspora, en Jerusalén y en otras ciudades inmersas en la cultura helenística.

Sin embargo, aunque poseía buenas cualidades para destacar su multilingüismo y multiculturalismo, en sus cartas apostólicas no destacaba sus capacidades intelectuales, económicas y sociales, sino ese refiere a sí mismo como quizás no "buen orador", pero con conocimiento (2 Co 11.5-6). Es probable, en este caso, que Pablo se refiere a los "superapóstoles", que recurren a la retórica del mundo griego en sus enseñanzas, ya que él prefiere una comunicación sencilla y directa, para que las conversiones se fundamenten en la revelación de Dios y el poder del Espíritu (1 Co 2.1-5; 2 Co 10.1-9).

> *Yo mismo, hermanos, cuando fui a anunciarles el misterio de Dios, no lo hice con gran elocuencia y sabiduría. Me decidí más bien, estando entre ustedes, a no saber de cosa alguna, excepto de Jesucristo y de este crucificado. Es más, me presenté ante ustedes con tanta debilidad que temblaba de miedo. No les hablé ni prediqué con palabras sabias y elocuentes, sino con demostración del poder del Espíritu, para que la fe de ustedes no depen iera de la sabiduría humana,sino del poder de Dios.*
> 1 Corintios 2.1-5 NVI

Hay que resaltar en el estudio de la vida del apóstol Pablo su decisión de continuar con sus labores seculares para no depender de las iglesias para su sustento. Esa actitud es éticamente excelente , principalmente porque no quiere que lo confundan con los proclamadores de nuevas religiones y corrientes filosóficas en las plazas públicas de las ciudades helenísticas. Para el apóstol, la predicación del evangelio del Reino no se puede fundamentar en el dinero, sino en el amor de Dios por la humanidad en necesidad.

Además, el modelo evangelizador y misionero de Pablo imita el modelo de familia, en el cual las manifestaciones de amor y apoyo mutuo son indispensables (1 Ts 2.7-8). El trabajo de organización y formación de una congregación es similar a la tarea educativa de un padre con sus hijos. Los padres deben, según la enseñanza de Pablo, suplir a las necesidades de sus hijos, y por esa razón expresa a los corintos, que está interesado en la vida de ellos, y no en los recursos económicos que poseían (2 Co 12.14).

La decisión del apóstol de no depender de las iglesias para su sustento diario le plantea un problema económico fundamental: ¿cómo financiar sus viajes y su intenso programa educativo, apostólico y misionero? Algunas personas piensan que sustentó su ministerio fundamentado en el patrimonio familiar. Es muy probable que la familia del apóstol tenia suficientes recursos económicos debido a su acceso a la ciudadanía romana; sin embargo, es improbable que luego de su experiencia de conversión de camino a Damasco la familia lo siguiera apoyando financieramente. Inclusive, en sus escritos Pablo habla de las privaciones y dificultades monetarias que vivió.

Además de la instrucción religiosa básica, los padres enseñaban a sus hijos una profesión para facilitarle la subsistencia. Ese trabajo de Pablo, "con sus manos" –es decir, artesanal, era el de "hacer tiendas" (Hch 18.3; 20.34), que no necesariamente era muy rentable y que tenía poco prestigio en las sociedades grecorromanas, pero le permitía vivir con dignidad (1 Co 4.13). A esos esfuerzos personales del apóstol, debemos añadir la hospitalidad y el apoyo de diversos grupos de creyentes y amistades, por ejemplo, Aquila y Priscilla (Hch 18.1, 2, 26; Ro 16.3).

Aunque es muy difícil evaluar la salud física y emocional de una persona basada en documentos, la lectura de la literatura paulina y el libro de los Hechos dan algunas ideas de la constitución física y el estado anímico de Pablo. En sus viajes misioneros, el apóstol debe haber viajado como 10mil kilómetros, desde el altiplano de Anatolia, a unos mil metros sobre el nivel del mar, hasta las costas del mar Egeo, en las regiones de Asia, Macedonia y Grecia. Esos viajes se hacían generalmente a pie o a caballo, cuando había la oportunidad. En ocasiones, tuvo que viajar por mar, aunque las dificultades en el Mediterráneo lo exponían a otras aventuras y peligros como el naufragio.

Para entender las vicisitudes físicas y los desafíos emocionales que vivió Pablo, debemos leer atentamente sus argumentos para responder a los reclamos de los falsos apóstoles y obreros estafadores en la ciudad de Corinto. El apóstol Pablo se presenta con humildad ante la comunidad, pues su experiencia de vida habla elocuentemente de su buen testimonio cristiano. Y esas experiencias de vida hablan no solo de su condición física sino de su salud emocional y espiritual.

> *Lo repito: Que nadie me tenga por insensato. Pero aun cuando así me consideren, de todos modos recíbanme, para poder jactarme un poco. Al jactarme tan confiadamente, no hablo como quisiera el Señor, sino con insensatez. Ya que muchos*

> *presumen como lo hace el mundo, yo también lo haré. Por ser tan sensatos, ustedes de buena gana aguantan a los insensatos. Aguantan incluso a cualquiera que los esclaviza o los explota, o se aprovecha de ustedes, o se comporta con altanería, o los golpea. ¡Para vergüenza mía, confieso que hemos sido demasiado débiles! Si alguien se atreve a dárselas de algo, también yo me atrevo a hacerlo y lo digo como un insensato. ¿Son ellos hebreos? Pues yo también. ¿Son israelitas? También yo lo soy. ¿Son descendientes de Abraham? Yo también. ¿Son servidores de Cristo? ¡Qué locura! Yo lo soy más que ellos. He trabajado más arduamente, he sido encarcelado más veces, he recibido los azotes más severos, he estado en peligro de muerte repetidas veces. Cinco veces recibí de los judíos los treinta y nueve azotes. Tres veces me golpearon con varas, una vez me apedrearon, tres veces naufragué, y pasé un día y una noche como náufrago en alta mar. Mi vida ha sido un continuo ir y venir de un sitio a otro; en peligros de ríos, peligros de bandidos, peligros de parte de mis compatriotas, peligros a manos de los no judíos, peligros en la ciudad, peligros en el campo, peligros en el mar y peligros de parte de falsos hermanos. He pasado muchos trabajos y fatigas, muchas veces me he quedado sin dormir, he sufrido hambre y sed. Muchas veces me he quedado en ayunas y he sufr do frío y desnudez. Y como si fuera poco, cada día pesa sobre mí la preocupación por todas las iglesias. Cuando alguien se siente débil, ¿no comparto yo su debilidad? Y cuando a alguien se le hace pecar ¿no ardo yo de indignación?Si me veo obligado a jactarme, me jactaré de mi debilidad. El Dios y Padre del Señor Jesús (¡sea por siempre bendito!) sabe que no miento. En Damasco, el gobernador bajo el rey Aretas mandó que se vigilara la ciudad de los damascenos con el fin de arrestarme; pero me bajaron en un canasto por una ventana de la muralla, y así escapé de las manos del gobernador.*
> 2 Co 11.16-33 NVI

Estas reflexiones, en las que la debilidad del apóstol se transforma en motivo de orgullo, evidencian cómo Pablo enfrenta adversidades muy peligrosas por causa de la predicación del evangelio. Su resistencia no solo delata su fortaleza física sino su capacidad emocional para soportar esas adversidades con valor y firmeza. Además, el relato de esas experiencias, revelan su buena salud emocional y espiritual.

Esas características de Pablo revelan su capacidad de superar intensas de adversidades emocionales y corporales, se manifiestan en otras de sus cartas apostólicas. Esas afirmaciones no tienen como objetivo destacar descomedidamente sus virtudes, sino brindar a la comunidad de creyentes un modelo de fidelidad a Jesucristo en medio de las realidades de la vida.

De acuerdo con las enseñanzas del apóstol, el seguimiento del modelo y el testimonio de Jesús, al enfrentar los martirios y las agonías finales de su vida, deben ser la inspiración fundamental no solo para su comportamiento sino para la vida de las iglesias y los creyentes. Esas adversidades son una oportunidad para que los creyentes en Cristo reciban y disfruten la gracia divina y el poder de Dios.

Ese es el contexto amplio para sus mensajes a la iglesia de Corinto, pues el tesoro de Dios está en vasijas de barro (2 Co 4.7). Al anunciar el evangelio del Reino, Pablo destaca el poder divino en el proceso para reiterar que las dinámicas de salvación y liberación se fundamentan con las acciones divinas, y no con las ejecutorias humanas. El "vaso de barro" representa la fragilidad humana, que es moldeada en las manos del Dios, por medio del Espíritu.

> *Pero tenemos este tesoro en vasijas de barro para que se vea que tan sublime poder viene de Dios y no de nosotros. Nos vemos atribulados en todo, pero no abatidos; perplejos, pero no desesperados; perseguidos, pero no abandonados; derribados, pero no destruidos. Dondequiera que vamos, siempre llev mos en nuestro cuerpo la muerte de Jesús, para que también su vida se manifieste en nuestro cuerpo. Pues a nosotros, los que vivimos, siempre se nos entrega a la muerte por causa de Jesús, para que también su vida se manifieste en nuestro cuerpo mortal. Así que la muerte actúa en nosotros y en ustedes la vida.*
> 2 Corintios 4.7-12 NVI

Esta importante lección de Pablo a las iglesias manifiesta su capacidad para analizar la vida desde una perspectiva amplia y sosegada. La fe del apóstol, que es la fuerza que lo impulsó a dedicar su vida al ministerio, está fundamentada en la vida, muerte y resurrección de Cristo. La recomendación a los creyentes se basa en sus experiencias de vida, a través de las cuales ha disfrutado el poder divino. Inclusive, categóricamente, afirma que en su cuerpo lleva las cicatrices de Jesús (Gá 6.17).

La espina en el cuerpo

La imagen de un Pablo fuerte, infatigable, decidido e invencible contrasta con una declaración sencilla y directa, que presenta su humanidad y fragilidad. De acuerdo con sus reflexiones personales, para evitar el orgullo, el apóstol sufre un tormento o una condición física grave, que él mismo especifica como "un mensajero de Satanás" (2 Co 12.7). Pablo presenta esta importante declaración de reconocimiento de las realidades humanas luego de hablar de sus visiones extraordinarias, como una especie de antídoto contra el orgullo.

La llamada "espina en el cuerpo", o como otra versión bíblica lo describe "el aguijón en la carne", alude a una condición física que lo afecta de manera considerable y que las personas pueden notar. La imagen asocia esa realidad física del apóstol con las actividades satánicas, para destacar su gravedad, intensidad e importancia. Esa condición, que le causa sufrimiento, el apóstol dice que tiene también un componente divino, ya que le sirve para evitar el orgullo y la vanagloria. En efecto, es una realidad en su vida, que lo afecta adversamente como un agente del mal, pero que a la vez lo mantiene sobrio, sosegado y humilde, que son características que provienen de Dios.

> *Para evitar que me volviera presumido por estas sublimes revelaciones, una espina me fue clavada en el cuerpo, es decir, un mensajero de Satanás, para que me atormentara. Tres veces rogué al Señor que me la quitara; pero él me dijo: «Te basta con mi gracia, pues mi poder se perfecciona en la debilidad».Por lo tanto, gustosamente presumiré más bien de mis debilidades, para que permanezca sobre mí el poder de Cristo. Por eso me regocijo en debilidades, insultos, privaciones, persecuciones y dificultades que sufro por Cristo; porque, cuandosoy débil, entonces soy fuerte.*
> 2 Corintios 12.7-10 NVI

Ante esa realidad desafiante, Pablo ora a Dios en tres ocasiones, que es una manera de afirmar la importancia e intensidad de su clamor. Sin embargo, en vez de eliminar la condición física que lo atormentaba y afectaba, la respuesta divina fue: "Te basta con mi gracia, pues mi poder se perfecciona en la debilidad" (2 Co 12.9). Esa singular respuesta afirma que la gracia del Señor es suficiente, pues el poder divino se manifiesta mejor en medio de las debilidades. Y esa comprensión de la revelación de Dios, permite a Pablo afirmar que prefiere presumir de sus debilidades, pues de esa manera el poder divino se hace realidad en su vida.

La enseñanza a las iglesias es importante. El apóstol reconoce sus debilidades, un principio importante para tener éxito en la vida. Y una vez se identifican y reconocen esas realidades humanas, se depende humildemente de la misericordia y el poder del Señor para recibir su ayuda y dirección. Lo que hace fuerte a Pablo es el reconocimiento de sus debilidades, que el ilustra con la "espina en el cuerpo".

La identificación precisa de la afección o enfermedad de Pablo es muy difícil. Los esfuerzos para descubrir y explicar su condición han sido muchos a través de la historia, pero sin éxito. Respecto a la "espina" que hiere al apóstol, puede ser la enfermedad a la que alude en su comunicación con los creyentes de Galacia (Gá 4.13-14), en la que reconoce la buena actitud de la comunidad, al no rechazarlo. Quizá su condición era de la vista, pues escribía con letras muy grandes y la iglesia notó que tenía una condición visual débil (Gá 4.14; 6.11). Otras identificaciones posibles de la enfermedad de Pablo han sido las siguientes: fiebres recurrentes, depresión, epilepsia o recuerdos del pasado que lo atormentaban.

El estudio de la vida del apóstol Pablo revela que su condición física y espiritual le permitía enfrentar las más complejas adversidades a nivel personal y profesional, y que tenía la capacidad de responder favorablemente a desafíos de salud física y emocional. Sus cartas a las iglesias, y también las narraciones en el libro de los Hechos, revelan que Pablo tenía un sentido de dirección claro en la vida y la capacidad para enfrentar desafíos temibles. Además, la literatura paulina, con sus reflexiones de los desafíos cotidianos que enfrentaban las congregaciones y los creyentes, nos puede ayudar a comprender mejor la personalidad del apóstol.

Este estudio de Pablo reconoce que él era firme y decidido, sensible y de rápido accionar ante lo imprevisto, capaz de establecer relaciones fraternales y duraderas con colaboradores y amistades. Pablo comprendía bien la naturaleza de su llamado, pues se presenta como apóstol y siervo de Jesucristo. También tenía plena conciencia de su autoridad espiritual, moral y ética para dialogar con las congregaciones y sus líderes de temas doctrinales complejos y de asuntos pastorales complicados.

La personalidad de Pablo es ciertamente compleja. Su relación con las comunidades de fe es con sencillez y honestidad, e identifica a los feligreses como parte de su familia, como sus hermanos, hijos, queridísimos y amados. El apóstol, además, puede ser firme y radical, ante las malas actitudes de creyentes y líderes, que no se comportan conforme a las enseñanzas de Jesucristo. En efecto, el famoso apóstol a los gentiles era inteligente y respondía a los gozos y las penurias de la vida con perspicacia y sobriedad, con valentía y firmeza, y con misericordia y amor.

Capítulo 3:

PABLO EL APÓSTOL

Pablo, siervo de Cristo Jesús, llamado a ser apóstol, apartado para anunciar el evangelio de Dios, que por medio de sus profetas ya había prometido en las sagradas Escrituras. Este mensaje habla de su Hijo, quien según la naturaleza humana era descendiente de David, pero según el Espíritu de santidad, fue designado con poder Hijo de Dios por la resurrección. Él es Jesucristo nuestro Señor. Por medio de él y en honor a su nombre, recibimos la gracia y el llamado a ser apóstol para persuadir a todas las naciones que obedezcan a la fe. Entre ellas están incluidos también ustedes, a quienes Jesucristo ha llamado.

Romanos 1.1-6 NVI

Una conversión extraordinaria

La conversión de Pablo al cristianismo es una de las más estudiadas y apreciadas en la historia. Los relatos bíblicos que presentan esta experiencia destacan varios elementos asociados al poder de Dios y a la fragilidad humana. Además, manifiestan la capacidad divina de intervenir en medio de las realidades de la vida para transformarla. Esa experiencia de conversión y cambios fue fundamental para el desarrollo de la incipiente fe del grupo conocido como "los del Camino" (Hch 9.2), que con el tiempo se convirtió en un movimiento mundial de gran impacto social, histórico, económico, político, religioso y espiritual.

Esa experiencia de conversión ocurre en la vida de este joven celoso de su fe judía, que había decidido proteger y afirmar sus actividades religiosas en la sinagoga, el Templo y en la ciudad de

Jerusalén. Su celo lo impulsó a organizar la persecución de las personas y los grupos que siguieran las enseñanzas de un rabino galileo que había sido crucificado por las autoridades romanas. Para lograr su objetivo obtuvo cartas con el aval de los líderes religiosos judíos de la ciudad. Este celo religioso lo motivó a transformar un posible diálogo interreligioso responsable y respetuoso, a una persecución inmisericorde a nivel ideológico, religioso y criminal.

Mientras perseguía a los grupos cristianos, Saulo de Tarso tuvo una singular experiencia religiosa que cambió radicalmente su vida. Esa experiencia se conoce como "conversión", pues Pablo alude a ese concepto al relatar lo ocurrido de camino a Damasco y la revelación de Jesucristo o al llamado de Dios. Esa revelación divina le permitió entrar a una nueva relación con Dios a través de Jesucristo, a quien identifica de forma firme, clara y sistemática como "mi Señor".

La experiencia espiritual de la conversión de Saulo se ha presentado en sermones, estudios, poemas, novelas, dramas, pinturas y en diversas obras de arte. La imagen literaria y visual del momento de su conversión mientras perseguía a los cristianos, se ha transmitido a través de los siglos como un punto importante en la historia de la cristiandad. Y ese reconocimiento se manifiesta temprano en la vida y el ministerio de las iglesias cristianas, ya que subraya el poder transformador vinculado con las revelaciones divinas en Cristo. Un perseguidor poderoso e inmisericorde de la iglesia y de la fe, fue radicalmente transformado por el poder de un Dios compasivo.

La conversión de Pablo a través de la historia se ha proclamado como un ejemplo claro de lo que Dios puede y quiere hacer con las personas. ¡Hasta un asesino de creyentes en Cristo y perseguidor de las iglesias tiene la oportunidad de ser visitado y transformado por el amor de Dios! La conversión del joven celoso de la fe ha sido el fundamento de las enseñanzas eclesiásticas que afirman la gracia y el amor de Dios, quien interviene milagrosamente en dinámicas humanas complejas y libera a las personas cautivas por celos y resentimientos.

La revelación de Jesucristo a Pablo es el factor principal en su conversión y transformación extraordinaria, la cual se ha relacionado con experiencias místicas, dinámicas espirituales y sicológicas, o crisis de conciencia. Las personas que estudian la experiencia de transformación del apóstol inquieren las relaciones de Saulo con Jesús y sus seguidores. Buscan responder a interrogantes como:¿conoció Pablo al Jesús histórico en los años treinta en Jerusalén? ¿Cuándo

Pablo entró en contacto con el movimiento de los seguidores de Jesús? ¿Qué relación tuvo Pablo con los discípulos históricos y tradicionales de Jesús, especialmente con Pedro? ¿Cómo influyó el asesinato de Esteban en la vida y el pensamiento de Pablo? ¿Cómo podemos relacionar la experiencia de conversión de Pablo de camino Damasco con su vocación apostólica y misionera?

La conversión en la literatura paulina

El estudio y la comprensión de la conversión de Pablo al evangelio de Jesucristo se fundamentan en dos fuentes literarias principales. En primer lugar, analizamos las reflexiones teológicas en torno a sus experiencias de vida que se incluyen en sus cartas a las iglesias. En esa literatura, el apóstol alude a la experiencia camino a Damasco y reflexiona en torno a las implicaciones espirituales, éticas y morales de ese encuentro con Jesucristo en su vida, pensamiento y teología.

Además, referente al evento que propició la extraordinaria transformación espiritual de Saulo de Tarso, se encuentran las narraciones en el libro de Hechos de los Apóstoles. Esta literatura presenta un panorama más dramático e intenso de la experiencia (Hch 9.1-19; 22.6-16; 26.12-18), además, ubica los relatos de conversión en diversos contextos narrativos, lo que permite ampliar la comprensión del evento. El estudio de estos diversos relatos bíblicos nos da un panorama amplio de la vida del apóstol y su experiencia religiosa fundamental.

> *Mientras tanto, Saulo, respirando aún amenazas de muerte contra los discípulos del Señor, se presentó al sumo sacerdote y le pidió cartas de extradición para las sinagogas de Damasco. Tenía la intención de encontrar y llevarse presos a Jerusalén a todos los que pertenecieran al Camino, fueran hombres o mujeres. En el viaje sucedió que, al acercarse a Damasco, una luz del cielo relampagueó de repente a su alrededor. Él cayó al suelo y oyó una voz que le decía:*
> *—Saulo, Saulo, ¿por qué me persigues?*
> *—¿Quién eres, Señor?*
> *—preguntó.*
> *—Yo soy Jesús, a quien tú persigues*

—contestó la voz
—. Levántatey entra en la ciudad, que allí se te dirá lo que tienes que hacer.
Hechos de los apóstoles 9.1-6 NVI

El estudio de la vida y del pensamiento de Pablo, primeramente debe tomar en consideración las recomendaciones pastorales y reflexiones teológicas que se incluyen en sus cartas a las iglesias. Esas cartas revelan detalles íntimos del apóstol para que podamos comprender mejor su experiencia religiosa y sus procesos de cambios.

Es importante destacar en nuestro estudio la forma continua que el apóstol alude a su llamado a ser apóstol de Jesucristo, pues fue elegido por Dios (véase, p.ej., 1 Co 1.1; 2 Co 1.1). Ese énfasis reiterado de llamado divino es claro en la Carta a los Gálatas, en la cual afirma que ha sido comisionado como apóstol para anunciar el evangelio, no por investidura ni mediación humanas, sino por Jesucristo y por Dios Padre, que resucitó a Jesucristo de entre los muertos (Gá 1.1). Además, en su Carta a los Romanos, Pablo amplía su presentación y afirma ser servidor y apóstol por iniciativa divina para anunciar el evangelio de Dios a todas las naciones (Ro 1.1).

Respecto a estas presentaciones del apóstol, hay que resaltar que en los encabezamientos de la Primera carta a los Tesalonicenses y la Carta a los Filipenses no hay referencia directa a sí mismo como apóstol. Sin embargo, en las otras cartas asociadas con Pablo se incluye una especie de fórmula invariable que indica: "Pablo, apóstol de Jesucristo por voluntad de Dios" (Ef 1.1; Col 1.1; 1 Ti 1.1; 2 Ti 1.1; Tit 1.1). Esas fórmulas teológicas y afirmaciones personales corresponden directamente a la función apostólica de Pablo con la iniciativa y voluntad de Dios. Es decir, el apostolado paulino no se fundamenta en las iniciativas humanas sino en la revelación divina. Es una especie de presentación de sus credenciales apostólicas, fundamentada en la autoridad de Dios y la revelación de Jesucristo.

La lectura de los encabezamientos de las cartas paulinas revela que en dos ocasiones la afirmación de apóstol se relaciona directamente con la idea de ser elegido, seleccionado y apartado por Dios (Ro 1.1; 1 Co 1.1). La idea es relacionar su vocación apostólica con la teología de la elección, que ciertamente es importante en las tradiciones hebreas. Para Pablo, es Dios quien determinó su orientación vocacional y lo comisionó como apóstol o enviado de Jesucristo para la predicación de las buenas nuevas.

En su Carta a los Gálatas, el apóstol hace una serie de afirmaciones teológicas de suma importancia. En primer lugar, declara que su llamado apostólico no proviene por investidura o mediación humana sino por intervención directa de Jesucristo y por el Dios Padre que lo resucitó. Pablo afirma sin inhibiciones que solo hay un evangelio, que es el de Jesucristo, y para destacar su llamado apostólico escribe:

> *Quiero que sepan, hermanos, que las buenas noticias que yo predico no es invención humana. No lo recibí ni lo aprendí de ningún ser humano, sino que me llegó por revelación de Jesucristo. Ustedes ya están enterados de mi conducta cuando pertenecía al judaísmo, de la furia con que perseguía a la iglesia de Dios, tratando de destruirla. En la práctica del judaísmo, yo aventajaba a muchos de mis contemporáneos en mi celo exagerado por las tradiciones de mis antepasados. Sin embargo, Dios me había apartado desde el vientre de mi madre y me llamó por su gracia. Y, cuando él tuvo a bien revelarme a su Hijo para que yo lo predicara entre los no judíos, no consulté con nadie. Tampoco subí a Jerusalén para ver a los que eran apóstoles antes que yo, sino que fui de inmediato a Arabia, de donde luego regresé a Damasco. Después de tres años, subí a Jerusalén para visitar a Cefas y me quedé con él quince días. No vi a ningún otro de los apóstoles; solo vi a Santiago, el hermano del Señor. Dios me es testigo de que en esto que les escribo no miento. Más tarde fui a las regiones de Siria y Cilicia. Pero en Judea las iglesias de Cristo no me conocían personalmente. Solo habían oído decir: «El que antes nos perseguía ahora predica la fe que procuraba destruir». Y por causa mía glorificaban a Dios.*
> Gálatas 1.11.24 NVI

Las reflexiones iniciales de Pablo en la Carta a los Gálatas son extensas e intensas. En su discurso teológico inicial, destaca la iniciativa divina en su llamamiento al apostolado, que lo ubica en la tradición vocacional de los antiguos profetas de Israel. Por ejemplo,

Dios llamó al profeta Isaías por iniciativa propia, en medio de las crisis de Judá con la muerte del rey Uzías (Is 6.1-13). Posteriormente, el profeta Isaías declara que el Señor lo llamó antes de nacer, que desde el vientre mismo de su madre el Señor pronunció su nombre (Is 49.1). Este llamamiento evidencia el conocimiento divino y afirma que los planes del Señor sobrepasan los límites del tiempo.

Ese extraordinario conocimiento de Dios también se revela en el relato de la vocación de Jeremías. Según el testimonio de este profeta (Jer 1.1.19), Dios antes de ser formado en el vientre de su madre, ya lo había elegido. En efecto, ¡Dios había apartado como profeta a Jeremías antes de nacer! Y como profeta debía anunciar la palabra de Dios a las naciones.

Las importancias teológicas de estas afirmaciones de vocaciones es que el Dios bíblico llama a sus profetas por su voluntad. El llamamiento a ser profeta no es una improvisación, sino una manifestación específica de la voluntad de Dios, que superan las dinámicas del tiempo. Antes de ser concebidos y nacer, Dios elige la persona y la aparta para cumplir encargos ya sea como profeta y misionero.

En esa singular tradición de vocaciones proféticas, Pablo se ubica. Dios lo apartó desde el vientre de su madre para cumplir su voluntad, y en el momento oportuno le reveló quién era Jesucristo. Con esa especial intervención divina Pablo fundamenta su vida apostólica y vocación misionera. En ese contexto educativo y teológico de presentación personal, Pablo reitera que las buenas noticias de Dios en Jesucristo que él predica, no es invención humana, sino por revelación directa de Dios. Y afirma que Jesucristo mismo le reveló ese evangelio (Gá 1.11). Es posible que el apóstol aluda a su experiencia de conversión camino a Damasco.

Estas comprensiones teológicas de las vocaciones proféticas constituyen el marco de referencia fundamental del llamado apostólico de Pablo. La revelación divina al apóstol vincula íntimamente el llamamiento de los profetas con la resurrección de Jesucristo. Hay que resaltar las expresiones paulinas que aluden a las narraciones de las vocaciones proféticas. Por ejemplo, el apóstol afirma que, "Cristo se le apareció", o que "ha visto al Señor".

En esos contextos, Pablo no intenta explicar su fraseología teológica, pues su objetivo es que los lectores entiendan el significado y el resultado transformador que esa experiencia física, emocional y espiritual provocó en su vida. Por la iniciativa divina, Pablo descubrió que Jesús es el Mesías prometido al pueblo de Israel y que, como Cristo de Dios, es el Señor que presenta las buenas noticias o el evangelio a la humanidad, independientemente de la etnia, cultura o posición social. Y ese evangelio contiene la revelación divina necesaria para la salvación de personas y comunidades.

La intervención divina en la vida de un Saulo perseguidor de cristianos de camino a Damasco es el encuentro mismo con el Jesucristo resucitado. Al recibir esa revelación divina Pablo asume un nivel singular de liderato cristiano: es un apóstol de Dios, enviado a anunciar las buenas noticias del evangelio. Aunque Pablo afirma su llamado y liderado apostólico, reconoce también la autoridad de los "Doce", es decir los discípulos verdaderos que no solo vieron al Jesús histórico, sino que fueron testigos oculares de su ministerio, muerte y resurrección.

Esa singularidad histórica, sin embargo, no descalifica a Pablo para el apostolado, porque su llamado vino directamente del Cristo resucitado. ¡Su experiencia de conversión y llamamiento es ciertamente única y excepcional! ¡Y esa revelación divina lo califica adecuadamente para realizar la labor apostólica que se le ha encomendado!

Que Pablo fuera un perseguidor de cristianos, revela una manifestación teológica de Jesucristo camino a Damasco. El Dios que se revela a Saulo manifiesta no solo el poder divino, sino que evidencia su misericordia. Aunque su vida enfocada en un tipo de celo religioso enfermizo, que movía a Saulo a perseguir y matar a los seguidores del mensaje de Jesús, Dios manifestó su amor al transformar su vida (1 Co 15.9-10). Por la gracia divina, Pablo pasó de perseguidor violento a ser un perseguido humilde por causa del evangelio.

El término "conversión" es muy adecuado para describir la experiencia de Saulo camino a Damasco. Este vocablo no solo revela la misericordia divina, sino que genera cambios profundos en el estilo de vida y las prioridades del apóstol Pablo. Las transformaciones que experimentó Saulo se fundamentan en el encuentro con Jesucristo, que le permite ponderar la razón de su existencia, para dedicarse con fuerzas, tiempo, energías, inteligencia y recursos a la predicación del evangelio de Jesucristo.

Las narraciones de la conversión en los Hechos

La imagen de un Saulo perseguidor, que no se detiene ante nada ni nadie en su afán desmedido de perseguir cristianos, proviene de las narraciones en el libro de los Hechos de los Apóstoles. Se trata de un relato inicial y básico (Hch 9.1-22), donde se presenta la revelación divina a Saulo --y su respuesta ante esa singular manifestación del Cristo resucitado--. El libro incluye dos narraciones adicionales en las cuales se repite la experiencia básica en otros contextos y con diferentes detalles (Hch 23.6-16; 26.12-18). En esos pasajes bíblicos se encuentra la información fundamental de la experiencia de conversión de Saulo de Tarso.

De la lectura atenta de esos pasajes vemos la imagen de un Saulo celoso, acosador, inmisericorde y despiadado, que no cambió su deseo de perseguir a los cristianos en Jerusalén, sino que pidió cartas de permiso para proseguir esa cacería de creyentes en la ciudad de Damasco. En efecto, la imagen que se proyecta en las narraciones bíblicas es la de una persona profundamente religiosa, intensa y de convicciones firmes.

En el libro de los Hechos, la experiencia de conversión camino a la ciudad de Damasco la precede una información pertinente referente al martirio de Esteban (Hch 7.58—8.1). De acuerdo con el relato bíblico, la muerte de Esteban evidencia el ambiente de persecución y odio causado por las actitudes y las decisiones de Saulo. Esa muerte de un buen líder cristiano es parte integral de los inicios de la persecución en Jerusalén contra los grupos asociados con el mensaje y las enseñanzas de Jesús. Y ese apedreamiento inmisericorde de un buen líder cristiano es el contexto previo e inmediato a la revelación divina a Saulo de camino a Damasco.

La lectura atenta de estas narraciones revela que Saulo va a Damasco para perseguir a los hombres y las mujeres que seguían las doctrinas de Cristo (Hch 9.1-2). Ese ambiente de persecución, resentimientos y celos religiosos es el marco de referencia de una experiencia trascendental del futuro apóstol. El objetivo del relato en los Hechos es destacar la diferencia entre el viejo Saulo de Tarso con el nuevo Pablo el apóstol, entre el perseguidor y el perseguido, entre el judío celoso y el cristiano comprometido, entre el fariseo de fariseos y el apóstol que afirma la importancia del amor, y ciertamente entre la Ley de Moisés y la gracia de Cristo.

El relato básico de la visión y conversión de Pablo es intenso, lleno de imágenes y detalles con importancias teológicas. De repente, en pleno día y sin previo aviso, una luz del cielo alumbra en la historia y el tiempo, y cubre de manera espectacular a Saulo de Tarso. Con el impacto del resplandor, el perseguidor de creyentes cayó al suelo y oyó una voz que lo confrontó.

> *En el viaje sucedió que, al acercarse a Damasco, una luz del cielo relampagueó de repente a su alrededor. Él cayó al suelo y oyó una voz que le decía:*
> *—Saulo, Saulo, ¿por qué me persigues?*
> *—¿Quién eres, Señor? —preguntó.*
> *—Yo soy Jesús, a quien tú persigues —contestó la voz—. Levántate y entra en la ciudad, que allí se te dirá lo que tienes que hacer.Los hombres que viajaban con Saulo se detuvieron atónitos porque oían la voz, pero no veían a nadie.Saulo se levantó del suelo, pero cuando abrió los ojos no podía ver, así que lo tomaron de la mano y lo llevaron a Damasco. Estuvo ciego tres días, sin comer ni beber nada.*
> Hechos 9.3-9

La narración es singular porque resalta la revelación divina que tiene capacidad de transformación. Parte de la experiencia es un diálogo íntimo entre Jesús y el joven judío celoso de sus tradiciones religiosas. La revelación es directa y clara porque la voz se identifica como Jesús, quien ordena a Saulo levantarse y entrar en la ciudad de Damasco, porque allí se le diría lo que debería hacer (Hch 9. 6). La revelación tiene el objetivo de cambiar el estilo de vida de Saulo, de manera que da un nuevo orden a su vida.

Impresionado por la experiencia y revelación divina, Saulo obedece las instrucciones del Señor y llega a Damasco ciego, donde permanece en ayuno por tres días. En Damasco se hospedó en el hogar de Judas, un creyente de la ciudad, que lo atendió con diligencia y responsabilidad. Posteriormente, llegó Ananías, un cristiano de cuna judía que también vivía en la ciudad. Este le impuso las manos a Saulo y oró para que pudiera recobrar la vista y ser lleno del Espíritu Santo. Al instante Saulo recibió la sanidad y fue bautizado (Hch 9.7-19).

Este relato es la base principal de nuestro conocimiento de lo que sucedió a Saulo camino a Damasco. Se trata de una teofanía, en la cual el Señor se revela para llamar y cambiar la vida de alguna persona. De esa manera el autor de los Hechos ubica a Pablo en la importante tradición de los llamados al oficio de profetas del Antiguo Testamento. Esa revelación divina, no solo destaca su experiencia intensa de conversión, sino que es la base teológica fundamental del llamado apostólico que cambió la vida de Saulo de Tarso a Pablo, el apóstol creyente en Jesucristo.

Posteriormente en el libro de los Hechos, el apóstol presenta en dos ocasiones adicionales esa experiencia de revelación divina camino a Damasco en primera persona (Hch 22.6-16; 26.12-18). Esos nuevos recuentos se incluyen en contextos literarios e históricos diferentes. En la primera ocasión, Pablo defiende su vocación, presenta su ciudad de origen, revela su ciudadanía, y comparte su experiencia de conversión y llamado. La segunda, se produce en el contexto de su defensa ante las autoridades romanas. En ambos relatos, Pablo destaca que su trabajo apostólico no proviene por iniciativa propia, sino por la voluntad de Dios. La revelación divina camino a Damasco, según las interpretaciones paulinas, constituye el fundamento no solo de su conversión al cristianismo sino la base de su llamado al apostolado.

> *Sucedió que a eso del mediodía, cuando me acercaba a Damasco, una intensa luz del cielo relampagueó de repente a mi alrededor. Caí al suelo y oí una voz que me decía: "Saulo, Saulo, ¿por qué me persigues?".*
> *"¿Quién eres, Señor?", pregunté.*
> *"Yo soy Jesús de Nazaret, a quien tú persigues", me contestó él. Los que me acompañaban vieron la luz,*
> *pero no percibieron la voz del que me hablaba.*
> *"¿Qué debo hacer, Señor?", le pregunté.*
> *"Levántate —dijo el Señor—, y entra en Damasco.*
> *Allí se te dirá todo lo que se ha dispuesto que hagas".*
> *Mis compañeros me llevaron de la mano hasta Damasco porque el resplandor de aquella luz me había dejado ciego.*
> *»Vino a verme un tal Ananías, hombre devoto que observaba la Ley y a quien respetaban mucho los judíos que allí vivían. Se puso a mi lado y me dijo: "Hermano Saulo, ¡recibe la vista!". Y en aquel mismo instante recobré la vista y pude verlo. Luego dijo: "El Dios de nuestros antepasados te ha escogido para que conozcas su voluntad, y para que veas al Justo y oigas las palabras de su boca. Tú le serás testigo ante toda persona de lo que has visto y oído. Y ahora, ¿qué esperas? Levántate, bautízate y lávate de tus pecados, invocando su nombre".*
> Hechos de los apóstoles 22.6-16 NVI

Al revisar las tres narraciones de llamado y vocación del libro de los Hechos, se nota, por ejemplo, cómo el papel de Ananías disminuye paulatinamente en la narración, hasta que en el tercer relato ya no se alude a este líder cristiano de Damasco. En ese tercer recuento vocacional, se afirma de forma directa y categórica que la encomienda a ser ministro y testigo del evangelio viene directamente del Señor Jesús. De acuerdo con la narración inicial, fue Ananías quien explicó a Pablo las importancias de su experiencia; y esa perspectiva se mantiene en la segunda, en la cual Ananías no solo presenta el plan divino al futuro apóstol, sino que lo invita a ser bautizado.

> *En uno de esos viajes iba yo hacia Damasco*
> *con la autoridad y la comisión de los jefes de los sacerdotes.*
> *A eso del mediodía, oh rey, mientras iba por el camino,*
> *vi una luz del cielo, más brillante que el sol, que con su*
> *resplandor nos envolvió a mí y a mis acompañantes.*
> *Todos caímos al suelo y yo oí una voz que me decía en hebreo:*
> *"Saulo, Saulo, ¿por qué me persigues?*
> *¡Solo te haces daño a ti mismo!".*
> *Entonces pregunté: "¿Quién eres, Señor?".*
> *"Yo soy Jesús, a quien tú persigues*
> *—me contestó el Señor—.*
> *Ahora, ponte en pie.*
> *Me he aparecido a ti con el fin de designarte siervo*
> *y testigo de lo que has visto de mí y de lo que te voy a revelar.*
> *Te libraré de tu propio pueblo y de los no judíos.*
> *Te envío a ellos para que les abras los ojos*
> *y se conviertan de las tinieblas a la luz*
> *y del poder de Satanás a Dios,*
> *a fin de que, por la fe en mí,*
> *reciban el perdón de los pecados*
> *y la herencia entre los santificados".*
> Hechos 26.12-18 NVI

El objetivo teológico de las narraciones de las vocaciones es afirmar que la transformación de Pablo es producto de la voluntad y revelación de Dios. El encuentro con el Jesucristo resucitado fue la experiencia que motivó al perseguidor de los creyentes a convertirse en un embajador del nuevo mensaje que anunciaba el poder de la misericordia, el perdón, la paz, el amor y la justicia. Y los relatos de vocación de Pablo en el libro de los Hechos, están en continuidad con lo que el mismo apóstol presenta en sus cartas.

Un detalle adicional a tener en cuenta en las narraciones del llamado apostólico a Pablo, son las reacciones de los que acompañaban a Saulo en su viaje a Damasco las cuales varían de acuerdo con el relato y su contexto literario inmediato. En la narración básica e inicial, se afirma que las personas que viajaban con Saulo oyeron la voz, pero no veían a nadie (Hch 9.7); en el segundo relato Saulo dice de sus acompañantes que vieron la luz, pero no percibieron la voz del que hablaba con Saulo (Hch 22.9); y en el recuento final de la experiencia, se afirma que todos los que estaban con Saulo fueron envueltos con el resplandor de la luz del cielo y todos cayeron al suelo, pero solo Saulo participa del diálogo transformador divino-humano (Hch 26.13-14).

La finalidad del autor del libro de los Hechos respecto a estas narraciones es destacar que, en medio de una crisis de persecución y muerte de creyentes, Dios tiene la capacidad y el anhelo de intervenir para bendecir y redimir a su pueblo. El encuentro de Saulo con el Cristo resucitado claramente afirma y destaca el poder transformador del evangelio.

La revelación divina no se detiene en medio de las adversidades existenciales y los conflictos de la vida. Al contrario la revelación viene para transformar personas como Saulo y usarlas para propósitos espirituales. Los cambios que experimentó Saulo no solo afectaron positivamente sus pensamientos y sentimientos, sino que modificaron su conducta y le dieron un propósito nuevo en la vida: ser testigo y apóstol de Jesucristo el Señor.

Primeras experiencias misioneras

De acuerdo con el testimonio en el libro de los Hechos (Hch 9.20-31), luego de su experiencia de conversión y llamamiento, Pablo comenzó inmediatamente su tarea misionera. Su predicación en las sinagogas era clara y directa: Afirmaba que Cristo era el Hijo de Dios. Esa nueva predicación provenía de alguien conocido en la comunidad por su hostilidad irracional hacia los seguidores de quien, de repente, ahora anunciaba como el Cristo de Dios, el Mesías.

La respuesta de la comunidad judía de Damasco ante la nueva predicación de Saulo fue de asombro y sobre todo sospecha. El judío celoso que se caracterizaba por sus proyectos antagónicos contra los grupos de creyentes que invocaban el nombre de Jesús, ahora declaraba ser un seguidor fiel de ese camino. Pero ante la incredulidad de los diversos grupos, el valor de Pablo aumentaba y predicaba con mayor denuedo el mensaje de Jesucristo.

Pablo continuó con su nuevo proyecto misionero, pero la comunidad judía decidió matarlo. Y para lograr su objetivo, el grupo asesino comenzó a observar sus movimientos. La noticia de sus maquinaciones, sin embargo, llegaron a los oídos de Pablo, y sus amigos respondieron con diligencia y sabiduría. Sus discípulos llegaron de noche y lo bajaron en un canasto por una abertura en la muralla. De esa manera el nuevo predicador del evangelio de Jesucristo pudo huir y salvar su vida (Hch 9.25).

La interrupción de las labores misioneras de Pablo en Damasco, de acuerdo con la Carta a los Corintios (2 Co 11.32-33), se fundamenta en la hostilidad de las autoridades civiles de la ciudad. En esta ocasión se trata del representante del rey Aretas (9 a.C.-40 d.C.), que era el etnarca encargado de la comunidad nabatea en la ciudad. La ciudad era ciertamente parte integral del Imperio romano, pero las dinámicas internas de la comunidad nabatea las atendía el etnarca. Y posiblemente, relacionado con esas dinámicas de hostilidad alrededor de los grupos nabateos es que Pablo comienza sus tereas misioneras en Arabia, específicamente entre los grupos nabateos cercanos a Damasco.

La primera actividad misionera de Pablo fue en Arabia, pues luego de su experiencia de conversión, aceptó el llamado y tuvo el deseo a predicar el evangelio entre los gentiles de esa comunidad. En el breve relato paulino a la iglesia en Galacia (Gá 1.17-24), se afirma el tema que el evangelio que predicó en esa comunidad no provino de algún proceso educativo ni mandato humano alguno, sino de la revelación directa de Dios.

Respecto a este importante tema es necesario indicar que su viaje a Arabia fue principalmente motivado por querer comenzar lo antes posible con su ministerio misionero. Su objetivo principal era llevar el evangelio, y no tanto el buscar y disfrutar algún tiempo de reflexión personal y análisis de su experiencia de conversión y llamado. En efecto, ese primer viaje de Pablo a Arabia fue su experiencia inicial como misionero y apóstol cristiano. Y la referencia a Arabia, posiblemente, alude al reino nabateo que está próximo a Damasco, no necesariamente a las secciones desérticas de la región.

El libro de los Hechos registra la llegada de Pablo a Jerusalén inmediatamente luego de huir de Damasco (Hch 9.25-26). Sin embargo, la cronología detallada del viaje no es totalmente clara. Pablo no viajó directamente a Jerusalén sino luego de tres años, de acuerdo con la información que se desprende de su Carta a los Gálatas (Gá 1.17-19). Al salir de Damasco, Pablo viajó a Arabia, para posteriormente regresar a Damasco, antes de viajar a Jerusalén.

La visita de Saulo a la Santa Ciudad era muy importante porque le brindaba la oportunidad de conocer personalmente a los discípulos de Jesús que todavía vivían y estaban en la ciudad. Saulo anhelaba visitar a Cefas o Pedro, que era el líder de la comunidad cristiana local (Gá 1.18-20). Sin embargo, le precedía la fama de perseguidor de los cristianos y los discípulos por sospechar de él, lo evadían. Esta dinámica de incomunicación y temores continuó, hasta que Bernabé intervino y explicó en la ciudad el proceso de conversión de Pablo, y destacó que él ya había comenzado a predicar en el nombre del Señor con valentía (Hch 9.26-31). En este viaje conoció a Jacobo, el hermano de Jesús (Gá 1.19).

Una vez se disiparon las dudas en la comunidad cristiana de Jerusalén sobre sus verdaderas intenciones, Pablo comenzó a moverse con libertad en la ciudad. En el proceso de hablar con valentía en el nombre del Señor, prosiguió la predicación y las discusiones referentes al evangelio con grupos griegos o helenistas, que reaccionaron adversamente a sus enseñanzas y procuraron matarlo. Ante ese peligro inminente, la comunidad cristiana de Jerusalén decidió protegerlo y lo enviaron a su ciudad de origen, Tarso, vía Cesarea.

Vale mencionar también un comentario teológico en el libro de los Hechos (Hch 9.31). Luego de salir Pablo de Jerusalén, donde anunciaba el evangelio entre los gentiles, se afirma que las iglesias de Judea, Galilea y Samaria tenían paz y se consolidaban porque vivían en el temor del Señor y crecían en número según el Espíritu Santo añadía al grupo los que iban siendo salvos.

De esa manera se afirma en el libro de los Hechos que el crecimiento de esas comunidades de fe cristianas se debía a las intervenciones del Espíritu, no solamente por los esfuerzos humanos. La declaración teológica era una forma de destacar que se estaba cumpliendo el mandato de Dios a los discípulos, de ser testigos de Cristo desde Jerusalén, Judea, Samaria y hasta los confines de la tierra (Hch 1.8).

Capítulo 4:

LOS VIAJES MISIONEROS DE PABLO

En la iglesia de Antioquía eran profetas y maestros: Bernabé, Simeón, apodado el Negro, Lucio de Cirene, Manaén, que se había criado con Herodes el tetrarca, y Saulo. Mientras participaban en el culto al Señor y ayunaban, el Espíritu Santo dijo: «Apártenme ahora a Bernabé y a Saulo para el trabajo al que los he llamado». Así que después de ayunar, orar e imponerles las manos, los despidieron.

Hechos 13.1-3 NVI

La misión del apóstol Pablo

Los viajes misioneros del apóstol Pablo son importantes en las narraciones que se incluyen en el libro de los Hechos. La estructura general de la obra se fundamenta en el llamado a ser testigos desde Jerusalén, Judea, Samaria, y hasta lo último de la tierra (Hch 1.8). En medio de esa estructura literaria, temática y teológica, los viajes de Pablo juegan un papel protagónico. Mucha información asociada a esas actividades misioneras del apóstol proviene de la lectura de los Hechos, aunque también se encuentran detalles importantes en las cartas paulinas.

La evaluación atenta de la estructura literaria y teológica del libro de los Hechos revela tres grandes secciones. Luego del prólogo (Hch 1.1-26), el libro destaca tres temas con fundamentos teológicos asociados a la predicación del evangelio en distintas regiones: Jerusalén

(Hch 2.1—8.3); Samaria y Judea (Hch 8.4—9.43); y, finalmente, en las comunidades gentiles o hasta "lo último de la tierra" (Hch 10.1—28.31). Esas narraciones contienen la intensión teológica de Lucas, además de presentar el avance del evangelio y de las iglesias luego de la resurrección de Cristo, y preparan el camino para presentar el extraordinario ministerio del apóstol Pablo.

Los viajes misioneros del apóstol Pablo se incorporan en las narraciones de la tercera sección del libro, donde se afirma que el evangelio de Jesucristo llagaba a las comunidades gentiles, en respuesta al llamado a predicar "hasta lo último de la tierra". La lectura de esos relatos de los viajes apostólicos revela que, antes de la conversión de Saulo, Felipe había recibido la revelación divina para predicar el evangelio a las comunidades gentiles (Hch 8.26-40). Y en ese período, Saulo estaba persiguiendo creyentes, inclusive participó del martirio infame del diácono Esteban (Hch 7.57—8.1a; 8.1b-3).

Cuando se habla de los viajes misioneros de Pablo, que abarcan unos 15 años y como 10 mil kilómetros, se piensa en tres proyectos y peregrinares evangelizadores principales (Hch 13.1—14.28; 15.36—18.22; 18.23—20.38), y uno final como preso, que lo llevó a Roma (Hch 21.1—28.31). Esa imagen de tres viajes, en las narraciones en el libro de los Hechos, no presenta adecuadamente la totalidad de la intensa labor apostólica de Pablo, ni hace justicia a la extensión de sus proyectos misioneros.

Al evaluar el ministerio del apóstol Pablo hay que notar que luego de recibir la revelación divina, llegar a Damasco y recobrar la vista, comenzó a predicar el evangelio sin demora (Hch 9.20). Esa tarea de predicación intensa inicial, provocó el repudio y la persecución de algunas personas en la comunidad judía que decidieron asesinarlo. La intervención pronta y sabia de los discípulos impidió esa desgracia (Hch 9.23-25).

De acuerdo con las narraciones en los Hechos, Pablo llegó a Jerusalén al salir de Damasco para continuar su tarea de predicación (Hch 9.28-30). El itinerario preciso del viaje no es del todo claro. Pero como la persecución seguía, sus amigos y hermanos para protegerlo lo llevaron a Cesarea para que de ahí fuera a Tarso, su ciudad de origen, ya que pensaban que allí tendría seguridad. Esa tarea misionera inicial generalmente no se reconoce como parte de los viajes misioneros oficiales de Pablo, aunque en honor a la verdad fueron parte de su formación teológica, educación evangelizadora y crecimiento espiritual.

Mientras Pablo iniciaba sus peregrinares misioneros en Damasco, Arabia y Jerusalén, Pedro continuó su tarea misionera entre las comunidades gentiles. Por iniciativa divina, Pedro fue persuadido a ir y predicar en la casa de Cornelio (Hch 10.1-43). Y los gentiles que lo oyeron recibieron el Espíritu Santo (Hch 10.44-48). Como resultado de esas intervenciones de Dios, Pedro les mandó que fueran bautizados en el nombre del Señor Jesús (Hch 10.48).

Las decisiones de Pedro de predicar el evangelio de Jesucristo a los gentiles y de posteriormente mandarlos a que fueran bautizados, ocasionó una discusión teológica acalorada entre los cristianos de Jerusalén que procedían del judaísmo (Hch 11.1-18). La comunidad judía estaba preocupada por la llegada a la iglesia de convertidos al cristianismo que no conocían la Ley de Moisés ni las tradiciones judías. Pedro les explicó la revelación de Dios, y ese sector celoso de judíos cristianos callaron, y quedaron asombrados porque también a los gentiles Dios les ha concedido el arrepentimiento para vida (Hch 11.18). Sin embargo, esas actividades de Pedro, inspiradas por el Espíritu Santo, se convirtieron en el fundamento de una muy importante reunión posterior, conocida como el Concilio o Asamblea en Jerusalén (Hch 15.1-35).

> *Algunos que habían llegado de Judea a Antioquía*
> *se pusieron a enseñar a los hermanos:*
> *«A menos que ustedes se circunciden, conforme a la tradición de Moisés, no pueden ser salvos».*
> *Esto provocó un altercado y un serio debate de Pablo y Bernabé con ellos. Entonces se decidió que Pablo y Bernabé, y algunos otros creyentes, subieran a Jerusalén para tratar este asunto con los apóstoles y los líderes religiosos.*
> *Enviados por la iglesia, al pasar por Fenicia y Samaria contaron cómo se habían convertido los no judíos.*
> *Estas noticias llenaron de alegría a todos los creyentes.*
> *Al llegar a Jerusalén, fueron muy bien recibidos tanto por la iglesia como por los apóstoles y los líderes religiosos, a quienes informaron de todo lo que Dios había hecho por medio de ellos.*
> *Entonces intervinieron algunos creyentes*
> *que pertenecían a la secta de los fariseos y afirmaron:*

—Es necesario circuncidar a los no judíos
y exigirles que obedezcan la Ley de Moisés.
Los apóstoles y los líderes religiosos
se reunieron para examinar este asunto.
Después de una larga discusión, Pedro se puso en pie y dijo:
—Hermanos, ustedes saben que desde un principio
Dios me escogió de entre ustedes para que por mi boca
los no judíos oyeran el mensaje del evangelio y creyeran.
Dios, que conoce el corazón humano, mostró que los aceptaba
dándoles el Espíritu Santo, lo mismo que a nosotros.
Sin hacer distinción alguna entre nosotros y ellos,
purificó sus corazones por la fe.
Entonces, ¿por qué tratan ahora de provocar a Dios
poniendo sobre el cuello de esos discípulos un yugo que ni
nosotros ni nuestros antepasados hemos podido soportar? ¡No
puede ser! Más bien, como ellos, creemos que somos salvos
por la gracia de nuestro Señor Jesús.
Hechos de los apóstoles 15.1-11 NVI

La iglesia en Antioquía

Antioquía de Siria, que no debe confundirse con la ciudad del mismo nombre en Pisidia (Hch 13.14-52), era la capital de la provincia romana en la región y la tercera ciudad de importancia en el imperio. Era un centro comercial necesario para la estabilidad económica y política de Roma. Estaba ubicada en las riberas del río Orontes, a unos 24 kilómetros del mar Mediterráneo, y en el Imperio romano se le conocía como "la reina del Oriente".

La población de Antioquía era ciertamente cosmopolita, pues además de la comunidad siria, contaba con importantes sectores judíos, griegos, romanos y de otras naciones. Ese ambiente pluralista, donde el encuentro de culturas, idiomas e ideas era continuo, constituía el marco de referencia ideal para la presentación y el florecimiento del cristianismo.

La importancia de la ciudad para el desarrollo de la fe cristiana se evidencia claramente al evaluar lo siguiente:

- Un prosélito de la ciudad, llamado Nicolás, llegó a ser diácono en la iglesia (Hch 6.5).

- En medio de la persecución de los cristianos que se desató en Jerusalén, Antioquía se convirtió en un centro de refugio político, social y espiritual de suma importancia para la iglesia (Hch 11.19-27).
- Los cristianos de Antioquía enviaron con Pablo y Bernabé una ofrenda de amor a la iglesia de Jerusalén en medio de una crisis (Hch 11.27-30).
- En Antioquía, la iglesia estaba muy bien organizada y tenía profetas y maestros, entre los que estaban Simón o Niger, Lucio de Cirene, Manaén (que se había criado con Herodes el Tetrarca) y Saulo (Hch 13.1).
- Desde Antioquía Pablo y Bernabé consiguieron el apoyo necesario para llevar el evangelio a las comunidades gentiles (Hch 15).
- Fue en Antioquía donde Pablo y Pedro tuvieron una gran discusión doctrinal (Gá 2.11-23), que destaca la importancia de la ciudad para el diálogo teológico.
- En Antioquía Pablo y Bernabé reciben la comisión, por revelación del Espíritu Santo, al campo misionero. Y fue en esa misma ciudad que, luego de orar y ayunar, les impusieron las manos y los enviaron a servir.

Primer viaje misionero de Pablo

El contexto geográfico del inicio de los viajes misioneros del apóstol Pablo, luego de ser llamado por el Espíritu y comisionado por la iglesia, fue la ciudad de Antioquía. Y esa dinámica de las revelaciones del Espíritu antes de emprender alguna encomienda, se convirtió en un elemento teológico distintivo en el programa misionero de Pablo.

La evaluación de los nombres de los maestros y profetas que estaban con Pablo en Antioquía revela la pluralidad étnica, social y económica de la ciudad. Simón es identificado como Niger, que alude a la tez oscura, es posible que venga de África, al igual que Lucio de Cirene, y destaca la internacionalidad del grupo; y Manaén, que se había criado con Herodes el tetrarca, quién ordenó la decapitación de Juan el Bautista (Lc 23.7.12) y presidió uno de los juicios contra Jesús en Jerusalén, revela los diversos niveles sociales y económicos que había en la congregación cristiana de Antioquía.

El primer viaje misionero de Pablo (Hch 13.1—15.35) comenzó con Bernabé y Juan Marcos, su sobrino, en los años 47-48 d.C.

Tomaron la embarcación en la ciudad de Seleucia, en donde estaba el puerto central de la región y muy cerca de Antioquía. Llegaron inicialmente a la isla de Chipre y comenzaron a predicar la palabra de Dios en las sinagogas de Salamina. Posteriormente, cruzaron la isla hasta llegar a Pafos, en donde encontraron un mago y falso profeta judío llamado Barjesús, que estaba con el procónsul, Sergio Paulo, que tenía fama de ser un hombre prudente.

> *En la iglesia de Antioquía eran profetas y maestros:*
> *Bernabé, Simeón, apodado el Negro, Lucio de Cirene,*
> *Manaén, que se había criado con Herodes el tetrarca, y Saulo.*
> *Mientras participaban en el culto al Señor y ayunaban,*
> *el Espíritu Santo dijo: «Apártenme ahora a Bernabé y a*
> *Saulo para el trabajo al que los he llamado».*
> *Así que después de ayunar, orar e imponerles las manos,*
> *los despidieron.*
> Hechos de los apóstoles 13.1-3

El episodio del encuentro entre Pablo y el mago, Barjesús, conocido también como Elimas, es significativo (Hch 13.4-12), pues revela la naturaleza compleja de las dinámicas y los desafíos que debía enfrentar el apóstol en sus viajes misioneros. Mientras el procónsul estaba interesado en escuchar el mensaje sobre Jesús que predicaba Pablo, Elimas trataba de impedir el proceso de evangelización.

En medio de esa dinámica de confrontación y hostilidad, el apóstol Pablo reprende públicamente al mago por sus actitudes engañosas y lo llama hijo del diablo y enemigo de toda justicia, que desea trastornar los caminos rectos del Señor, y lo maldice. Como resultado de las palabras de autoridad de Pablo, Elimas quedó ciego. Y el procónsul, al ver la manifestación extraordinaria del poder divino, creyó admirado en la doctrina del Señor que predicaba el apóstol Pablo.

Al salir de Pafos, Pablo y Bernabé siguieron su peregrinar misionero hacia Perge, una ciudad de la provincia romana de Panfilia, para posteriormente llegar a Antioquía de Pisidia, luego de dirigirse al norte como unos 170 kilómetros. En el proceso, el joven Juan Marcos decidió regresar a Jerusalén, quizá asombrado por la experiencia traumática con el mago Elimas, aunque otra posibilidad era que entendió que debía prepararse mejor para este tipo complejo de proyectos misioneros.

En la ciudad de Antioquía de Pisidia, Pablo y Bernabé llegaron a la sinagoga para participar del programa del día. Cuando las autoridades judías se percataron de la presencia de las visitas, le preguntaron si tenían alguna palabra de exhortación para la comunidad. Pablo aprovecho la oportunidad y presentó un discurso fundamentado en el poder liberador de Dios, que se mostró claramente con la liberación de los israelitas del cautiverio de Egipto y del faraón. Además, afirmó la importancia de la historia del pueblo judío, al aludir a jueces, profetas y reyes como Samuel, Saúl, David. Y referente a David, aludió a la promesa del Mesías y afirmó con autoridad que Jesús era el cumplimiento de esa profecía.

El discurso de Pablo tomó aún más autoridad evangelizadora, cuando declara que Jesús fue crucificado injustamente con el consentimiento de las autoridades religiosas y civiles. Sin embargo, añadió el apóstol, la muerte no finalizó la tarea salvadora de Jesús pues Dios lo levantó de entre los muertos. El mensaje culminó con una cita del libro del profeta Habacuc (Hab 1.5, LXX).

La respuesta al discurso de Pablo fue mixta, pues el sector gentil de la sinagoga apreció el mensaje del apóstol, pero el grupo judío sintió celos por la respuesta positiva que había recibido Pablo. Esa dinámica de confrontación y hostilidad creciente fue la que medió entre el grupo de judíos y los sectores gentiles y Pablo. Finalmente se organizó la persecución contra Pablo y Bernabé, y los expulsaron de la ciudad. Al salir ellos de Antioquía llegaron a Iconio, donde la comunidad de creyentes los recibió con gozo (Hch 13.51).

Iconio era la capital de Licaonia, que pertenecía a la provincia romana de Galacia, y ubicada en una importante ruta militar y económica entre Éfeso y Siria. Al principio la predicación de Pablo y Bernabé en Iconio fue muy bien recibida por la comunidad judía y la gentil. Sin embargo, los judíos que no creyeron el mensaje se organizaron para incluir a los griegos en la rebelión contra los apóstoles. Aunque los apóstoles predicaban y hacían señales y prodigios, la comunidad estaba dividida. Finalmente, con el aumento de la tensión, comenzó la persecución con apedreamientos, y los apóstoles huyeron a Listra y Derbe, que también pertenecían a Licaonia. Y desde esas ciudades predicaron el evangelio a las comunidades adyacentes.

Al llegar a Listra, de acuerdo con la narración en los Hechos, los apóstoles se encontraron con un hombre lisiado de nacimiento.

Pablo, al ver que el hombre tenía fe para ser sanado, con autoridad le dijo que se ponga en pie y se enderezara. El hombre quedó sano. Pero el pueblo, confundió la manifestación de la misericordia de Dios con la acción de algunas divinidades del panteón griego: pensaron que Bernabé (que identificaron con Júpiter) y Pablo (que llamaron Mercurio) eran dioses con semejanza humana. Inclusive, ¡el sacerdote de Zeus se preparó para ofrecerles sacrificios!

La respuesta de los apóstoles fue clara y firme, pues se rasgaron las vestiduras (Hch 14.14) en señal de rechazo y horror ante un acto blasfemo, de sacrilegio y abominación ante Dios. Además, presentaron un discurso de gran importancia teológica y misionera. Reconocieron públicamente que ellos no eran dioses, sino hombres mortales como el resto de la comunidad de Listra, y llamaron al pueblo al arrepentimiento y a volverse al Dios viviente, que hizo el cielo, la tierra, el mar y todo lo que hay en ellos (Hch 14.15-17).

El pueblo reaccionó inicialmente con adulación hacia los apóstoles. Sin embargo, cuando un grupo de judíos de Antioquía e Iconio persuadieron a la multitud, la gente de Listra reaccionó con rechazo y violencia: apedrearon a Pablo, lo arrastraron fuera de la ciudad y lo dieron por muerto (Hch 14.19-20). La intervención oportuna y sabia de los creyentes del pueblo le salvó la vida.

Al siguiente día, junto a Bernabé, Pablo salió a Derbe, donde anunció el evangelio e hizo muchos discípulos. Finalmente, los apóstoles regresaron a Listra, Iconio y Antioquía, para afirmar la fe de los creyentes de esas comunidades, constituir ancianos y encomendarlos al Señor. El mensaje apostólico asociaba las tribulaciones con la entrada al Reino de Dios (Hch 14.22).

De regreso a Antioquía de Siria, desde donde habían comenzado este primer viaje misionero, pasaron por Pisidia para llegar a Panfilia y Perge. Y en Atalía se embarcaron para regresar a la comunidad de fe que los comisionó a esta tarea misionera. Cabe destacar la importancia teológica en la narración de los Hechos (Hch 14.24-18), del informe misionero de los apóstoles que aludieron solo a las bendiciones relacionadas con las intervenciones divinas y cómo Dios les había abierto las puertas de la fe a las comunidades de gentiles. En Antioquía se quedaron con los discípulos de esa comunidad por mucho tiempo.

La asamblea o el concilio en Jerusalén

Luego del primer viaje misionero de Pablo y Bernabé, los apóstoles regresaron a Antioquía de Siria para presentar sus informes y reflexionar sobre esa experiencia apostólica inicial. El gozo de las manifestaciones del poder de Dios en Chipre y el altiplano de Anatolia se estorbó con las respuestas de algunos creyentes que provenían de Judea. El problema radicaba en las enseñanzas respecto a las conversiones de los gentiles que requerían que los nuevos creyentes debían circuncidarse, conforme a las tradiciones de Moisés, para ser salvos (Hch 15.1).

La raíz del problema era teológico, étnico y práctico: teológico, pues se fundamentaba en una lectura tradicional de las leyes mosaicas; étnico, ya que ponía de manifiesto las diferencias culturales entre los grupos judíos y los griegos; y práctico, pues se necesitaba una respuesta pastoral eficiente y sabia. Ante las manifestaciones extraordinarias del poder divino en medio de comunidades no judías, los líderes de la iglesia en Jerusalén reaccionaron con vehemencia para mantener vivas las tradiciones de sus antepasados en esas nuevas comunidades de fe cristianas.

Las respuestas de Pablo y Bernabé ante las actitudes y los argumentos de los grupos judíos tradicionales fueron apasionadas (Hch 15.2). Y ante ese encuentro fuerte de ideas, teologías y acercamientos pastorales, decidieron organizar una reunión en Jerusalén, para discutir este singular y desafiante asunto: cómo proceder con los grupos no judíos al incorporarlos en la vida de las congregaciones; además, debían dilucidar el tema de la exigencia de hacerse judío antes de proceder a convertirse al cristianismo. La consulta en Jerusalén proponía al liderato de la iglesia aclarar la participación de los creyentes de linaje gentil en la vida diaria de las iglesias cristianas.

Nos hemos enterado de que algunos de los nuestros,
sin nuestra autorización, los han inquietado, alarmándolos
con lo que han dicho.
Así que de común acuerdo hemos decidido escoger a algunos
hombres y enviarlos a ustedes con nuestros queridos hermanos
Bernabé y Pablo, quienes han arriesgado su vida por el
nombre de nuestro Señor Jesucristo.
Por tanto, enviamos a Judas y a Silas para que confirmen

personalmente lo que les escribimos.
Nos pareció bien al Espíritu Santo y a nosotros no imponerles
ninguna carga aparte de los siguientes requisitos:
abstenerse de lo sacrificado a los ídolos, de sangre, de la
carne de animales estrangulados y de la inmoralidad sexual.
Bien harán ustedes si evitan estas cosas.
Hechos de los apóstoles 15.24-29 NVI

Los desafíos de la iglesia de Antioquía en torno a los criterios de admisión de los grupos no judíos en medio de las comunidades cristianas son evidentes en el libro de los Hechos (Hch 15.1-35) y también en la carta de Pablo a los gálatas (Gá 2.1-10). En la narración de Lucas se describe el origen del problema y se identifican detalles de los procesos determinantes; y en la Carta a los Gálatas se enfatiza la teología que presupone las decisiones paulinas. Esa libertad de Pablo, de liberar a los no judíos de las leyes mosaicas, es seriamente cuestionada por los misioneros cristianos de procedencia judía a los cuales el apóstol identifica como "falsos hermanos" (Gá 2.4-5).

La asamblea de Jerusalén se lleva a efecto en la segunda visita de Pablo a la Santa Ciudad, luego de su experiencia de conversión camino a Damasco. Al evento, Pablo no solo tiene de acompañante a Bernabé, que proviene de un linaje judío, sino que también lo asiste Tito, un líder cristiano de tradición gentil. Y esa visita de Pablo, de acuerdo con el testimonio de la Carta a los Gálatas, fue resultado de una revelación divina (Gá 1.1-2).

El viaje a Jerusalén llevó a los apóstoles por Fenicia y Samaria, en donde predicaron el evangelio y afirmaron lo que Dios estaba haciendo con los grupos gentiles. Al llegar a la Ciudad Santa comenzaron los diálogos con los creyentes de la iglesia, los apóstoles y los ancianos. Los apóstoles compartieron el testimonio de lo que Dios estaba haciendo con los gentiles. Sin embargo, un grupo de cristianos de la secta de los fariseos, afirmaban que para ser para de la iglesia los gentiles debían circuncidarse y obedecer la Ley de Moisés.

La reunión fue intensa y extensa, pues cada grupo presentaba sus argumentos con firmeza. Después de mucha discusión, el apóstol Pedro habló para enfatizar la importancia de no imponer cargas religiosas judías a los gentiles para aceptar la conversión de ellos al cristianismo (Hch 15.7-21). Su discurso fue elocuente y testimonial:

afirmó la importancia de reconocer que era Dios mismo el que lo había escogido para predicar el evangelio en esas comunidades. Y el Señor les dio el Espíritu Santo y ninguna diferencia hizo entre nosotros, los cristianos judíos y ellos, los gentiles.

El apóstol Pedro culmina su discurso con una importante afirmación teológica de que la gracia divina es el fundamento indispensable de la salvación, que es para judíos y gentiles (Hch 15.11). Los oyentes callaron y, luego de oír a Pedro, atendieron el testimonio de Bernabé y Pablo. Los misioneros contaron las maravillas y los prodigios que el Señor había hecho por medio de ellos entre los gentiles.

Luego del discurso de los dos misioneros, Jacobo (o Santiago el hermano de Jesús; Mt 13.55; Jn 7.3-5; Hch 1.4) tomó la palabra para afirmar el testimonio de Pedro. Aludió a Simón (o Pedro, Hch 15.7) y citó las Escrituras que revelan la salvación de los gentiles (Hch 15.16-18; Am 9.11-12 LXX).

> *Por lo tanto, yo considero que debemos dejar de ponerle trabas a los gentiles que se convierten a Dios.*
> *Mas bien, debemos escribirles que se abstengan de los contaminado por los ídolos, la inmoralidad sexual, de la carne de animales estrangulados y de sangre.*
> Hechos 15.19-20 NVI

La respuesta a la propuesta de Jacobo fue seleccionar a un grupo de creyentes y líderes de la iglesia para llevar un mensaje a las comunidades cristianas gentiles, con las recomendaciones prácticas referentes al tema de las imposiciones judías a los creyentes de origen gentil. Decidieron enviar una carta orientadora a las iglesias no judías, con Pablo y Bernabé, acompañados por Judas (o Barsabás) y Silas (posiblemente es Silvano; 2 Co 1.19; 1 Ts 1.1; 2 Ts 1,1; 1 P 5.11).

La carta está dirigida específicamente a las iglesias de Antioquía, Siria y Cilicia. Según la narración en los Hechos 15:28, hay que resaltar la importancia teológica donde se afirma "nos pareció bien al Espíritu Santo y a nosotros", es decir, no solo a los líderes de la iglesia de Jerusalén, sino al mismo Espíritu Santo. Y el mensaje fue uno muy pragmático: abstenerse de lo sacrificado a los ídolos, de sangre, de la carne de animales estrangulados y de la inmoralidad sexual. En la Carta a los Gálatas se incluye un apéndice misionero de gran importancia teológica y pastoral: las iglesias y los creyentes deben acordarse de los pobres (Gá 2.10).

De esa forma se asocia la carta de los apóstoles y los ancianos que se presenta en el libro de los Hechos con las revelaciones del Espíritu Santo a las comunidades cristianas no judías. Y esa carta sirvió de preámbulo para la organización y comienzo del segundo viaje misionero de Pablo y Bernabé.

La controversia entre Pedro y Pablo

La carta apostólica de Santiago es el resultado de las discusiones en la asamblea en Jerusalén. Ese importante documento intenta regular las dinámicas congregacionales en comunidades de fe que tienen creyentes de trasfondos judíos y gentiles. De esa forma se pueden identificar congregaciones que responden al liderato de Santiago y de Pablo.

Ese marco de referencia educativo y administrativo amplio, donde se demuestra el liderato de los apóstoles, es el contexto del incidente o "controversia" entre los apóstoles Pedro y Pablo, al cual se alude en la Carta a los Gálatas (Gá 2.11-21). Según esa carta, en una de las visitas de Pedro a la ciudad de Antioquía de Siria, Pablo lo enfrentó y reprendió directamente, pues no estaba bien lo que hacía. El asunto era que Pedro actuaba de una manera con los gentiles cuando estaba con ellos --¡hasta comía con los gentiles!--, pero cuando estaban presente los creyentes de procedencia judía se retraía y se apartaba de los gentiles, por temor a lo que pudieran decir "los de la circuncisión" (Gá 2.12). Y esa actitud, que afectó a la comunidad y hasta a Bernabé, era repudiada por Pablo, pues la entendía como hipocresía.

En medio de esas dinámicas de tensión teológica y pastoral, Pablo confrontó y reprendió directamente a Pedro, porque era necesaria la corrección de esa conducta incoherente. Quizá la primera reacción de Pedro a la carta apostólica de Santiago fue positiva y de inclusión, pero luego, cuando estaba en medio de las comunidades judías, que vivían apegadas a sus tradiciones de alimentación, se sintió inhibido porque no quería herir la susceptibilidad de esas comunidades que afirmaban las leyes mosaicas como parte integral de sus estilos de vida.

Luego de ese incidente con Pedro, Pablo se separa de Bernabé y comienza su segundo viaje misionero con Silas. El argumento en los Hechos para la separación es la presencia de Juan Marcos (Hch

15.37-41). Sin embargo, no se puede ignorar el comentario paulino sobre la actitud de Bernabé ante la incoherencia misionera de Pedro. El resultado de esas dinámicas fue que Bernabé y Juan Marcos se embarcaron a Chipre, y Pablo y Silas viajaron por Siria y Cilicia.

Segundo viaje misionero de Pablo

Luego de la asamblea en Jerusalén, el apóstol Pablo comenzó su segundo viaje misionero por vía terrestre desde Antioquía junto a Silas o Silvano. El peregrinar los llevó desde Jerusalén a Cesarea, Tolemaida, pasaron por Tiro y Sidón, para llegar finalmente a Siria y de allí al Asia Menor, a Antioquía. Uno de sus objetivos era apoyar las iglesias y comunidades que había visitado en su primer viaje, como es el caso de las ciudades de Derbe y Listra en Asia Menor (Hch 14.6-23). Y este programa se debe haber llevado a efecto entre los años 49-52 d.C.

> *Algún tiempo después, Pablo dijo a Bernabé:*
> *«Volvamos a visitar a los creyentes en todas las ciudades en donde hemos anunciado la palabra del Señor, y veamos cómo están».*
> *Resulta que Bernabé quería llevar con ellos a Juan, a quien llamaban Marcos, pero a Pablo no le pareció prudente llevarlo, porque los había abandonado en Panfilia y no había seguido con ellos en el trabajo.*
> *Se produjo entre ellos un conflicto tan serio que acabaron por separarse.*
> *Bernabé se llevó a Marcos y se embarcó rumbo a Chipre, mientras que Pablo escogió a Silas.*
> *Después de que los hermanos lo encomendaron a la gracia del Señor, Pablo partió y viajó por Siria y Cilicia, consolidando a las iglesias.*
> Hechos de los Apóstoles 15.36-41

Al llegar a la ciudad de Derbe, Pablo y Silas se encontraron con un joven de buen testimonio llamado Timoteo, hijo de madre judía y padre griego. Con el tiempo, este joven se convirtió en un aliado muy importante de Pablo en su ministerio (Ro 16.21; 1 Co 4.17; 16.10-11; Fil 2.19-24; 1 Ts 3.2-6), e inclusive le escribió dos cartas pastorales. De acuerdo con las prácticas del judaísmo, el joven era considerado judío por ser hijo de una judía creyente, pero por alguna razón no se había circuncidado, requisito indispensable para el reconocimiento pleno de su realidad religiosa y cultural. No obstante, Pablo lo circuncidó por causa de los judíos que sabían que el padre de Timoteo era griego.

Al visitar las ciudades de Derbe, Listra, Iconio y Antioquía de Pisidia, y comunicar las decisiones de la asamblea en Jerusalén referente a las comunidades griegas en las iglesias, los creyentes recibían el mensaje con agrado y las iglesias eran edificadas y crecían. Y en esas comunidades, apreciaban y afirmaban el buen testimonio de Timoteo.

La siguiente etapa de este viaje misionero se destaca por las revelaciones especiales del Espíritu Santo. Luego de pasar por la ciudad de Frigia y la región de Galacia, el Espíritu les impidió predicar el evangelio en Asia; tampoco les permitió ir a Bitinia. Finalmente, en la ciudad de Troas, Pablo recibió una visión divina, en la que un hombre de Macedonia le rogaba ir a Macedonia y ayudarlos. De acuerdo con las narraciones de los Hechos (Hch 16.6-10), esa fue la forma que el evangelio llegó a Europa, fundamentada en la revelación del Espíritu de Dios.

Como respuesta al llamado divino, de acuerdo con los relatos en el libro de los Hechos, Pablo y Silas navegaron a Samotracia, para llegar al próximo día a Neápolis, y finalmente viajar a Filipos. Esa ciudad era la primera comunidad de la provincia de Macedonia, que gozaba de varios privilegios políticos y económicos de Roma, por ser parte del sistema de provincias instituidas por el imperio.

Luego de varios días en Filipos, el sábado Pablo y Silas fueron a la oración junto a un río, allí estaba una mujer llamada Lydia, de la ciudad de Tiatira en Asia, que vendía púrpura. Esa referencia a su trabajo, da a entender el comercio de un tipo de tela muy fina y teñida de un color morado. Ese tipo de comercio revela la condición económica de la mujer.

De acuerdo con la narración (Hch 16.11-15), Lidia respondió bien a la predicación del evangelio y fue bautizada junto a otros miembros de su familia. Y por gratitud a Pablo y Silas ¡les persuadió a hospedarse en casa de ella! (Hch 16.15)

La estadía en el hogar de Lidia fue el contexto de un singular episodio entre Pablo y una joven con espíritu de adivinación que brindaba a sus amos gran ganancia. El espíritu en la joven era una referencia a la gran serpiente o dragón pita que vigilaba los oráculos de la diosa griega Delfos. Como la joven era esclava estaba sometida a la explotación continua de sus amos. Y el mensaje de ella referente a los apóstoles era correcto.

De forma reiterada y por varios días, la joven seguía a los apóstoles gritando que estos hombres son siervos del Dios Altísimo, y anuncian el mensaje de salvación. Sin embargo, esto molestó tanto a Pablo, y reprendió al espíritu ordenando que saliera de ella, en el nombre de Jesucristo. Y según la narración bíblica (Hch 16.18), la joven quedó liberada inmediatamente.

La respuesta de los amos de la joven no fue la mejor, pues la acción liberadora de Pablo detuvo las ganancias que recibían con las adivinaciones. Sin demora, los arrastraron a la plaza ante las autoridades de la ciudad y acusaron públicamente a los apóstoles de alborotar al pueblo con sus costumbres judías, aunque ellos eran romanos. Y los magistrados reaccionaron con violencia contra Pablo y Silas, pues mandaron azotarlos con varas y a encarcelarlos. Y ordenaron al carcelero custodiarlos con la mayor seguridad. Así que fueron metidos en el calabozo y se les sujetó los pies en el cepo.

La narración en los Hechos incluye algunos detalles, que tienen implicaciones teológicas y misioneras. A medianoche, Pablo y Silas comenzaron a orar y a cantar a Dios, y el resto de los confinados los escuchaban, cuando de repente se produjo un terremoto fuerte que sacudió las bases de la cárcel, abrió todas las puertas y se les soltaron las cadenas. ¡El terremoto produjo la liberación de los presos de sus cadenas!

El relato describe las reacciones del carcelero y de los líderes del pueblo. El carcelero intentó suicidarse, pues creía que los presos se habían fugado. Era su responsabilidad mantenerlos seguros, pues las leyes romanas castigaban con la muerte a los carceleros que dejaban ir algún preso. Sin embargo, la intervención oportuna de Pablo impidió ese castigo severo. No obstante, las palabras de afirmación de Pablo al carcelero, hizo que este pidiera ser salvo. Así el carcelero y toda su familia se convirtieron al evangelio y fueron bautizados. El mismo carcelero lavó las heridas de los misioneros y les dio de comer. ¡Esa es una gloriosa transformación!

Al día siguiente, los magistrados ordenaron soltar a los apóstoles, pero Pablo y Silas protestaron contra esa decisión. Ellos alegaron que fueron azotados públicamente y sin proceso, pero ahora querían soltarlos a escondidas. Además, los magistrados habían violado las leyes romanas al azotarlos, lo cual era prohibido por las leyes del Imperio azotar a un romano. Finalmente los líderes del pueblo presentaron sus excusas a los apóstoles, los escoltaron desde la cárcel y les pidieron que se fueran de la ciudad.

Al salir de la cárcel, Pablo y Silas se reunieron con otros creyentes en la casa de Lidia, consolaron al grupo, que estaba preocupado por el bienestar de ellos, y se fueron de la ciudad de Filipos. El objetivo era llegar a Tesalónica, que era el puerto principal de la región y capital de la provincia de Macedonia. Posiblemente viajaron por uno de los grandes caminos del Imperio romano, la Vía Ignacia, luego de pasar por las ciudades de Anfípolis y Apolonia.

En Tesalónica, Pablo visitó la sinagoga local, como acostumbraba en cada ciudad, tres sábados corridos. Ese tiempo le permitió predicar el evangelio de Jesucristo, a y afirmar que era necesario que el Cristo de Dios padeciera para luego resucitar de entre los muertos. La respuesta del pueblo a la predicación apostólica fue mixta: algunos judíos creyeron el mensaje, además de un grupo considerable de hombres y mujeres griegas. Los judíos que no aceptaron el evangelio organizaron una turba hostil que los persiguió, pues decían que ellos trastornaban al mundo.

Los creyentes tomaron a Pablo y Silas de noche y los enviaron a Berea, que era una población a unos 80 kilómetros de Tesalónica. En esa ciudad Pablo prosiguió su tarea educativa y de predicación, y muchos judíos, y también hombres y mujeres de origen griego, creyeron el mensaje del evangelio. Sin embargo, cuando los grupos judíos de Tesalónica escucharon que los apóstoles predicaban en Berea, llegaron a esa ciudad para alborotar al pueblo contra Pablo y Silas. Y ante esas dificultades, Pablo es trasladado a Atenas, pero Silas y Timoteo permanecieron un tiempo adicional en Berea.

La experiencia de Pablo en Atenas fue de gran importancia misionera. El apóstol estaba en el centro antiguo de la filosofía, el arte y la literatura, que a la vez era el corazón de la idolatría del Imperio. Pablo discutía con los judíos y la gente piadosa gentil en la sinagoga; y en la plaza pública dialogaba con el resto del pueblo y con los filósofos epicúreos y estoicos, que representaban las dos corrientes éticas y filosóficas más importantes de la época.

Los grupos filosóficos llevaron a Pablo al Areópago, que constituía el centro intelectual y jurídico de la ciudad. El nombre alude a la colina de Ares, que es el dios griego asociado con las guerras. El objetivo era dialogar con el apóstol sobre el tema del mensaje de Jesús y referente a la resurrección (Hch 17.18). Y en ese contexto de diálogo filosófico y misionero, Pablo presenta uno de sus discursos más emblemáticos de su carrera apostólica: anuncia a Cristo a los griegos, a partir de la inscripción de un altar a un dios desconocido, y en medio de una serie de imágenes de divinidades con altares en el lugar (Hch 17.23).

La presentación de Pablo fue histórica y teológica, ya que destaca las intervenciones divinas en medio de la creación y las realidades de la vida, y las transcendencias de esas actividades de Dios en la vida y la resurrección de Jesús. Pero los grupos de filósofos se burlaron y rechazaron el mensaje del apóstol al escuchar el tema de que Dios levantó al Señor de entre los muertos. No obstante, entre los que escucharon la presentación de Pablo hubo quienes aceptaron el mensaje del evangelio como Dionicio y Damaris (Hch 17.33-34).

Luego de su experiencia en Atenas, Pablo viajó a la ciudad de Corinto, capital de la provincia de Acaya, que era otro centro político, comercial y filosófico muy importante en el Imperio romano. En esta ciudad, Pablo se quedó y trabajó con Aquila y Priscila, que llegaron desde Roma cuando el emperador Claudio ordenó la expulsión de todos los judíos de Roma. Esta pareja hacia tiendas de campaña, el mismo oficio de Pablo. Los rabinos en esa época impartían sus enseñanzas y servían de forma gratuita, y vivían de sus trabajos y las ofrendas de personas generosas que apoyaban sus programas.

La experiencia en Corinto marcó de forma permanente el ministerio de Pablo. Cuando Silas y Timoteo llegaron desde Macedonia a acompañarlo, el apóstol estaba dedicado a la predicación del evangelio y afirmaba que Jesús era el Cristo de Dios, que era una manera de resumir sus enseñanzas y mensajes. Sin embargo, la comunidad judía rechazó una vez más el mensaje paulino, pero en esta ocasión blasfemaron.

En ese ambiente hostil, Pablo decidió dedicar sus esfuerzos misioneros a la comunidad gentil. Inclusive, afirmó tener la conciencia tranquila, pues la sangre de los judíos caerá sobre ellos mismos, que es una manera de destacar el juicio venidero sobre esa comunidad. Una vez tomó la decisión, salió de en medio del grupo judío y se hospedó en la casa de Justo, que posiblemente era un creyente de origen gentil que vivía no muy lejos de la sinagoga.

En medio de esas decisiones y enseñanzas, Crispo se convirtió al evangelio, junto a su familia. La conversión de este judío líder prominente de la sinagoga y de muchos ciudadanos corintios, hizo que el apóstol se quedara en esa ciudad año y medio. De acuerdo con el relato bíblico, Pablo enseñaba entre el pueblo la palabra de Dios (Hch 18.11).

La etapa final del segundo viaje misionero de Pablo fue complicada. Los judíos se rebelaron contra Pablo y su predicación y lo llevaron ante las autoridades romanas. Galión, procónsul de la provincia romana de Acaya, que tenía fama de justo y honrado, presidió el proceso legal. Se acusó a Pablo de persuadir a las personas a adorar a Dios, lo cual va en contra de la ley romana (Hch 18.13). Sin embargo, Galión se inhibió del caso porque entendió que era un asunto interno que esa comunidad judía debía tratar de acuerdo con sus leyes, mando que los expulsaran del tribunal. En respuesta, arremetieron contra Sóstenes –que posiblemente sustituyó a Crispo— en el liderato de la sinagoga y lo golpearon frente al tribunal. Este fue un acto de rechazo a la comunidad judía, pues en ese momento no hacían diferencia entre los grupos judíos y los cristianos.

Pablo permaneció en Corinto un buen tiempo y navegó posteriormente con Priscila y Aquila a Siria. Una vez llegó a Cencrea, hizo votos de nazareo (Nm 6.2-18), pues se rapó la cabeza. Más adelante viajó a Éfeso, que era la capital de la provincia romana de Asia, donde predicó y enseñó en la sinagoga porque anhelaba pasar las fiestas judías en Jerusalén.

Tercer viaje misionero de Pablo

Por los años 53-56 d.C. el apóstol Pablo realizó su tercer viaje misionero desde Antioquía de Siria hasta finalmente regresar a Jerusalén. Fue un programa complejo por tener que enfrentar muchos desafíos. Pero prometió regresar a Éfeso y continuar su labor educativa que había comenzado en su viaje anterior (Hch 18.19-21). Regresó a la Santa Ciudad donde es acusado por judíos de la provincia de Asia de ensenar contra la ley y de meter griegos en el templo. Finalmente es arrestado por las autoridades romanas (Hch 21.17-36).

Pablo permaneció en Corinto algún tiempo más.
Después se despidió de los hermanos y emprendió el viaje rumbo a Siria, acompañado de Priscila y Aquila.
En Cencreas, antes de embarcarse, se hizo rapar la cabeza a causa de una promesa que había hecho.
Al llegar a Éfeso, Pablo se separó de sus acompañantes y entró en la sinagoga, donde se puso a discutir con los judíos.
Estos le pidieron que se quedara más tiempo con ellos.
Él no accedió, pero al despedirse les prometió:
«Ya volveré, si Dios quiere». Y zarpó de Éfeso.
Cuando desembarcó en Cesarea, subió a Jerusalén a saludar a la iglesia y luego bajó a Antioquía.
Después de pasar algún tiempo allí, Pablo se fue a visitar una por una las congregaciones de Galacia y Frigia, animando a todos los discípulos.
Hechos de los apóstoles 18.18-23

El tercer peregrinar misionero de Pablo inició en las regiones de Galacia y Frigia, en donde el apóstol tuvo la oportunidad de animar y edificar a los creyentes de esas comunidades. En su viaje a Éfeso pasó por las ciudades de Derbe, Listra, Iconio y Antioquía de Pisidia, donde previamente había predicado el evangelio.

Mientras Pablo predicaba en las regiones montañosas de la provincia de Asia, llegó a Éfeso Apolos, un predicador del evangelio de origen judío natural de Alejandría, ciudad de Egipto ubicada en el delta del río Nilo. Ciudad importante del judaísmo helénico.

De acuerdo con el texto bíblico (Hch 18.25-26), Apolos era un predicador entusiasta del evangelio, y un buen conocedor de las Escrituras. Aunque solo conocía el bautismo de Juan, fue a hablar con denuedo en la sinagoga. Al escucharlo Priscila y Aquila, lo tomaron a su cargo y le explicaron con precisión el camino de Dios.

Cuando Apolos quiso ir a Acaya, la comunidad cristiana de Éfeso se comunicó con los creyentes y discípulos de la región para que lo recibieran. Al llegar a Acaya, Apolos fue un buen agente de Dios en esas comunidades por refutar en público a los judíos y demostraba por las Escrituras que Jesús es el Mesías (Hch 18.28).

Mientras Apolos predicaba en Corinto, el apóstol Pablo llegó a Éfeso. Pablo habló sobre el bautismo en el Espíritu Santo, de quien ellos ni habían oído. Entonces Pablo después de explicarles les impuso las manos a los creyentes efesios, y fueron llenos del Espíritu y comenzaron a hablar en lenguas y a profetizar (Hch 19.5-7. Estas eran señales visibles de las manifestaciones de Dios. El grupo eran en total unos doce hombres, lo cual es una posible alusión en la Biblia hebrea al pueblo de Dios y a los doce apóstoles.

Pablo permaneció predicando por varios años en la sinagoga de la ciudad de Éfeso. Pero cuando la tensión y la persecución aumentaron en la comunidad judía, comenzó a enseñar en la escuela de un tal Tirano, que posiblemente era un creyente de origen gentil. De esta forma el evangelio se predicó en Asia por varios años y muchas personas judías y cristianas, escucharon el mensaje del evangelio.

En ese contexto de predicaciones y rechazos, Pablo no solo enfrentó la persecución por razones teológicas, sino que experimentó los ataques de exorcistas judíos que trataban de imitar las actividades misioneras (Hch 19.13-20). En medio de esas dinámicas, el apóstol decidió regresar a Jerusalén, después de terminar su recorrido por las regiones de Macedonia y Acaya. Además, entendió que era necesario llegar también a Roma.

La respuesta de los sectores que adoraban a la diosa Diana fue rechazar vehemente las predicaciones de Pablo. Un platero llamado Demetrio, que generaba muchas ganancias haciendo figuras en plata del templo de Artemisa, alertó al pueblo de las implicaciones fiscales y religiosas de la conversión de personas en Éfeso por las enseñanzas de Pablo.

La ciudad se llenó de confusión ante los argumentos de Demetrio. Un grupo llegó al teatro de la ciudad y tomaron a dos de los colaboradores de Pablo, de origen macedónico, Gayo y Aristarco. Y aunque Pablo quería salir a confrontar al grupo, los discípulos y las autoridades civiles se lo impidieron. Finalmente, el pueblo se apaciguó cuando el secretario del concejo municipal pidió calma prudencia (Hch 19.35-41). Después de esto Pablo se despidió de los creyentes de Éfeso y salió hacia Macedonia para llegar a Grecia. Y en el proceso, predicó el evangelio en esas regiones,

Luego de estar tres meses en Grecia, Pablo se percató que grupos judíos organizaban un complot contra él y en vez de regresar a Siria prosiguió a Macedonia, con un grupo de amigos que lo acompañaron hasta Asia. Y llegaron posteriormente a Troas, en donde Pablo dio un largo discurso. Un joven que oía a Pablo, llamado Eutico, se quedó dormido y se cayó desde el tercer piso. Pablo se echó sobre el joven y este resucitó. (Hch 20.7-12).

El viaje misionero llevó a Pablo de Troas a Mileto, en donde pronunció un muy importante discurso teológico y testimonial, fue una especie de despedida (Hch 20.17-38). Muchos conmovidos por la idea de no volver a verlo, los discípulos de la ciudad lo besaban, lloraban y se despedían del apóstol. De regreso a Jerusalén, Pablo pasó por Cos, Rodas, Pátara, Chipre hasta llegar a la ciudad de Tiro, en Siria. En esa ciudad los discípulos le rogaron a Pablo que no siguiera su viaje a Jerusalén, pues estaban preocupados por su seguridad.

Una vez salieron de Tiro, llegaron a Tolemaida, donde los hermanos los recibieron por un día. Al otro día pasaron a Cesarea, donde se hospedaron en casa de Felipe el evangelista, que tenía cuatro hijas solteras que profetizaban. Unos días después vino de Judea un profeta Ágabo y profetizó que los judíos de Jerusalén entregarán a Pablo en manos de los gentiles, (Hch 21.7-16). Pero el apóstol respondió con valentía que él estaba dispuesto a hacer la voluntad del Señor.

La llegada de Pablo a Jerusalén comenzó con alegría, cuando los creyentes de la ciudad lo volvieron a ver. Pablo aprovechó el ambiente grato para testificar de lo que Dios había hecho con los gentiles en su ministerio. Los ancianos le advirtieron que tenía fama de apóstata en el pueblo, que debía hacer votos para demostrar su fidelidad a la Ley.

Cuando Pablo llegó al Templo, unos judíos de Asia los acusaron públicamente de enseñar contra la Ley y alborotaron la ciudad. La multitud tomó al apóstol y lo arrastró fuera del Templo para matarlo. Salvó a Pablo que llegó el comandante de las tropas romanas, preocupado por el origen del motín, y el pueblo se dispersó. Aunque siguieron gritando "que lo maten", mientras los soldados romanos lo llevaban a la cárcel.

La sección final del tercer viaje misionero de Pablo presenta la defensa del apóstol ante la comunidad judía (Hch 21.37—22.5) y el Sanedrín (Hch 22.30—23.11), y también sus alegaciones como ciudadano romano ante las autoridades y los representantes del imperio romano: Félix el gobernador (Hch 23.23-35), y el rey Agripa y Berenice, su hermana (Hch 25.13-27). Lo que comenzó con una experiencia de conversión camino a Damasco (Hch 9.1-19), finalizó con el relato de esa experiencia ante las autoridades judías y romanas (Hch 26.12-18). Y en ese proceso, hasta el rey Agripa reconoce el poder y las virtudes del evangelio, al reconocer que por poco se hace cristiano (Hch 27.28).

Viaje de Pablo a Roma preso o cuarto viaje misionero

El viaje misionero final de Pablo, también conocido como el viaje a Roma preso, cierra el círculo de vida programático del apóstol, como resultado de su experiencia de conversión y transformación en su camino a Damasco. De ser un judío celoso de las tradiciones farisaicas, Pablo se convirtió en un misionero y predicador del evangelio de Jesucristo, que no solo llegó a las sinagogas antiguas, sino que impactó positivamente a los grupos gentiles con la palabra de la esperanza y la liberación. Y su viaje final a Roma, en efecto, puede ser entendido como su esfuerzo misionero final.

> *Cuando se decidió que navegáramos rumbo a Italia, entregaron a Pablo y a algunos otros presos a un centurión llamado Julio, quien pertenecía al batallón imperial.*
> *Subimos a bordo de un barco, con matrícula de Adramitio, que estaba a punto de zarpar hacia los puertos de la provincia de Asia, y nos hicimos a la mar.*
> *Nos acompañaba Aristarco, un macedonio de Tesalónica.*
> *Al día siguiente, hicimos escala en Sidón y Julio, con mucha amabilidad, permitió a Pablo visitar a sus amigos para que lo atendieran.*
> Hechos de los Apóstoles 27.1-3

Luego de presentar su defensa ante las autoridades religiosas y civiles pertinentes, y después que el rey Agripa, el gobernador Félix y Berenice no encontraran causa legal alguna contra Pablo, decidieron enviarlo a Roma, de acuerdo con las leyes romanas y la petición del apóstol. Al leer las narraciones en el libro de los Hechos es importante comprender que el apóstol era inocente de las acusaciones contra él, que se fundamentaban en las reacciones prejuiciadas y hostiles de los grupos judíos más tradicionales, recalcitrantes y conservadores.

Una vez se tomó la decisión de enviar a Pablo a Roma, se responsabilizó a un tal Julio, centurión de la compañía de Augusta, que se encargara del proceso. Salieron del puerto de Cesarea rumbo a Asia. El viaje a Roma se hacía en etapas, de acuerdo con la disponibilidad de las embarcaciones. Como tradicionalmente los vientos en el mar Mediterráneo soplan desde el noroeste, los viajes desde Palestina a Italia comenzaban hacia el norte, luego proseguían cerca de las costas de Asia Menor y las islas, hasta dirigirse a la isla de Creta. La ruta específica la determinaba la orientación de los vientos, pues navegaban en barcos de vela.

Desde los comienzos mismos del viaje, Pablo notó el potencial peligro de la embarcación y los tripulantes, debido a las inclemencias del tiempo (Hch 27.10). Y Luego de pasar cerca de Creta, les sorprendió un viento huracanado, que duró más de catorce días (Hch 27.27, 33). La narración de los Hechos reafirma la fe y sobriedad de Pablo, que inclusive animó a comer a todos los tripulantes y los confinados. La actitud de Pablo en medio de la crisis destaca el liderato del apóstol (Hch 27.35).

El resultado de las luchas contra los vientos en el Mediterráneo fue el naufragio de la embarcación (Hch 27.39-44). Hay que resaltar que ninguna persona perdió la vida como resultado del naufragio, según ya lo había dicho el apóstol Pablo (Hch 27.21-26).

Una vez a salvo, se percataron que habían llegado a la isla de Malta, que se convirtió en un nuevo escenario para que se demostrara el poder de Dios que protegía al apóstol. Los pobladores de la Isla recibieron a los náufragos con cordialidad y respeto. Pablo recogió leña para encender un fuego, cuando una serpiente muy venenosa se le prendió en la mano. Los lugareños, que conocían la mortalidad de ese tipo de víbora, esperaron la muerte súbita del apóstol. Inclusive, interpretaron el incidente como una corroboración de que Pablo era un homicida, pues, aunque sobrevivió al naufragio, moriría por el ataque de la víbora. Sin embargo, al notar que sobrevivió sin dificultades, cambiaron de parecer y dijeron que era un dios (Hch 28.5-6).

Finalmente, Pablo llegó a Italia con el resto de los tripulantes y los presos que habían salido de Cesarea. En primer lugar, arribaron a Siracusa, luego fueron a Regio y Puteoli, para finalmente llegaron a Roma. Una vez en la capital del imperio, el centurión entregó los presos a las autoridades militares pertinentes, pero a Pablo le permitieron tener un domicilio particular, con un soldado que lo custodiara.

Desde su nueva realidad de confinado en una casa en Roma, Pablo prosiguió su ministerio de enseñanza y predicación. En su domicilio particular presentaba el mensaje de Jesucristo, y las respuestas a sus palabras eran mixtas, pues algunos creían y se convertían mientras otros rechazaban las enseñanzas del apóstol.

La palabra final del libro de los Hechos es reveladora (Hch 28.30-31). Pablo permaneció en su cárcel domiciliaria, predicando sin inhibiciones el reino de Dios y enseñando sobre el Señor Jesucristo. Estas palabras finales sobre el apóstol nos hacer revisar la naturaleza del viaje a Roma, que ciertamente fue un viaje misionero, el cuarto.

Visitas misioneras de Pablo

Una manera de destacar las labores misioneras de Pablo es identificar diversas ciudades donde realizó su ministerio. La siguiente lista puede darnos una idea de la extensión y profundidad de las labores misioneras del apóstol. Esta guía pone de manifiesto que, aunque tradicionalmente reconocemos que hubo unos viajes específicos con tareas misioneras particulares, la labor apostólica de Pablo fue mucho mayor de la que se desprende de la lectura de los llamados "tres viajes misioneros de Pablo".

Entre las ciudades que recibieron el fruto del proyecto apostólico de Pablo están las siguientes, mencionadas en orden alfabético:

1. **Antioquía de Pisidia:** Durante su primer viaje misionero, Pablo y Bernabé enseñaron a los judíos de esta ciudad que Cristo era descendiente de David. Pablo presentó el evangelio primeramente a Israel, y posteriormente predicó a los gentiles. En esta ciudad, Pablo y Bernabé fueron perseguidos y expulsados (Hch 13.14–50).
2. **Antioquía de Siria:** En esta ciudad se llamó cristianos a los discípulos por primera vez (Hch 11.26). Pablo dio comienzo en Antioquía a su segundo viaje misionero, y le acompañaron Silas, Bernabé y Judas, llamado Barsabás (Hch 15.22, 30, 35).
3. **Atenas:** Durante su segundo viaje misionero, Pablo predicó en esta ciudad sobre "un Dios desconocido" en la colina de Marte, en el Areópago (Hch 17.22–34).

4. **Berea:** Pablo, Silas y Timoteo encontraron personas buenas a las que predicaron el evangelio de Jesucristo en su segundo viaje misionero. Los judíos de Tesalónica los siguieron hasta esta ciudad y los persiguieron (Hch 17.10–13).
5. **Cesarea:** En esta ciudad portuaria, Pablo defendió su inocencia ante el rey Agripa (Hch 25.1--26.32).
6. Chipre: Pablo visitó Chipre en su primer viaje misionero (Hch 13.4–5) y posteriormente llegaron Bernabé y Marcos (Hch 15.39).
7. **Colosas:** Esta ciudad está ubicada a unos 18 kilómetros al este de Laodicea, y Pablo escribió a los creyentes que vivían en esta ciudad.
8. **Corinto:** Pablo llegó a la ciudad de Corinto en su segundo viaje misionero. Se quedó en la ciudad por un tiempo con Aquila y Priscila, ya que su predicación fue eficaz y se bautizó a mucha gente (Hch 18.1–18). Y desde esta ciudad Pablo escribió su Carta a los Romanos.
9. **Damasco:** Camino a esta ciudad, Jesús se reveló a Saulo (Hch 9.1–7). Después que Ananías oró para la restauración de su vista, Saulo se bautizó e inició su ministerio (Hch 9.10–27).
10. **Derbe:** Pablo y Bernabé predicaron el evangelio de Jesucristo en esta ciudad (Hch 14.6–7, 20–21).
11. **Éfeso:** Apolos predicó con autoridad en esta ciudad (Hch 18.24–28). Además, en su tercer viaje misionero, Pablo enseñó dos años en esta ciudad y muchas personas se convirtieron al evangelio (Hch 19.10,18). También en esta ciudad oró por personas para que recibieran el don del Espíritu Santo mediante la imposición de manos (Hch 19.1–7) y ocurrieron muchos milagros, incluso la expulsión de espíritus malignos (Hch 19.8–21). Inclusive, adoradores de la diosa Diana incitaron al pueblo contra Pablo (Hch 19.22–41).
12. **Filipos:** En esta ciudad, y por medio de la predicación de Pablo, Silas y Timoteo, se convirtió una mujer llamada Lidia; además, al liberar a una persona cautiva por un espíritu inmundo, la comunidad se reveló contra ellos y fueron llevados a la cárcel y azotados (Hch 16.11–23). Por la intervención de Dios, ellos escaparon de la cárcel (Hch 1623–26).
13. **Iconio:** En el primer viaje misionero, Pablo y Bernabé predicaron en esta ciudad donde fueron amenazados con apedreamiento (Hch 13.51—14.7).

14. **Laodicea:** Una de las iglesias que Pablo visitó y de las que envió sus cartas estaba en esta ciudad (Col 4.16). Es también una de las siete ciudades que se mencionan en el libro del Apocalipsis; las restantes son: Éfeso, Esmirna, Pérgamo, Tiatira, Sardis y Filadelfia (Ap 1.11).
15. **Listra:** Pablo sanó en esta ciudad a un hombre paralítico, y junto a Bernabé fueron aclamados como dioses. Posteriormente en esta ciudad, Pablo fue apedreado y dado por muerto, pero sobrevivió y prosiguió su ministerio (Hch 14.6–21).
16. **Macedonia:** Pablo enseñó en esta ciudad durante su segundo y tercer viaje misionero (Hch 16.9–40; 19.21). El apóstol alabó la generosidad de los creyentes macedonios, quienes compartieron sus ofrendas con él y con los pobres de Jerusalén (Ro 15.26; 2 Co 8.1–5; 11.9).
17. **Malta:** Pablo llegó a esta isla por causa del naufragio, estando preso de camino a Roma (Hch 26.32; 27.1, 41–44). Además, de importancia misionera es que en esta isla lo mordió una víbora, pero el veneno no le afectó por el poder divino; también en esa comunidad sanó a muchos enfermos (Hch 28.1–9).
18. **Mileto:** Mientras Pablo predicaba en esta ciudad en su tercer viaje misionero, advirtió a los ancianos de la iglesia que debían estar alerta ante los "lobos rapaces" que entrarían para confundir y acabar con el rebaño (Hch 20.29–31).
19. **Pafos:** En esta ciudad, Pablo maldijo a un mago (Hch 13.6–11).
20. Tarso: Ciudad natal de Pablo, adonde le enviaron los líderes de la iglesia para protegerlo (Hch 9.29–30).
21. **Tesalónica:** Pablo predicó en esta ciudad en su segundo viaje misionero, pero su grupo de apoyo tuvo que partir hacia Berea una vez que los judíos amenazaron su seguridad (Hch 17.1–10).
22. **Troas:** En su segundo viaje misionero, mientras Pablo se hallaba en esta ciudad, recibió una revelación divina en la que un hombre de Macedonia lo rogaba pasar a ayudarlos (Hch 16:9–12). Y en su tercer viaje misionero, Pablo resucitó a Eutico (Hch 20:6–12).
23. **Roma:** En esta ciudad, centro del poder político y económico del Imperio romano, Pablo predicó dos años cuando lo tuvieron en arresto domiciliario (Hch 28.16–31). En ese entorno de cautividad, escribió las cartas apostólicas a los efesios, filipenses, colosenses, y a Timoteo y Filemón.

Al cabo de tres meses en la isla, zarpamos en un barco que había invernado allí.
Era una nave de Alejandría que tenía por insignia a los dioses Dióscuros.
Hicimos escala en Siracusa, donde nos quedamos tres días.
Desde allí navegamos bordeando la costa y llegamos a Regio.
Al día siguiente se levantó el viento del sur y al segundo día llegamos a Poteoli.
Allí encontramos a algunos creyentes que nos invitaron a pasar una semana con ellos. Y por fin llegamos a Roma.
Los hermanos de Roma, habiéndose enterado de nuestra situación, salieron hasta el Foro de Apio y Tres Tabernas a recibirnos.
Al verlos, Pablo dio gracias a Dios y cobró ánimo.
Cuando llegamos a Roma, a Pablo se le permitió tener su domicilio particular, con un soldado que lo custodiara.
Hechos de los Apóstoles 28.11-16

Capítulo 5:

LAS CARTAS DE PABLO

Pablo, siervo de Cristo Jesús, llamado a ser apóstol, apartado para anunciar el evangelio de Dios, que por medio de sus profetas ya había prometido en las sagradas Escrituras.
Este evangelio habla de su Hijo, quien según la naturaleza humana era descendiente de David, pero que según el Espíritu de santidad fue designado con poder Hijo de Dios por la resurrección. Él es Jesucristo nuestro Señor.
Por medio de él, y en honor a su nombre, recibimos el don apostólico para persuadir a todas las naciones que obedezcan a la fe.
Entre ellas están incluidos también ustedes, a quienes Jesucristo ha llamado.
Les escribo a todos ustedes, los amados de Dios que están en Roma, que han sido llamados a ser santos. Que Dios nuestro Padre y el Señor Jesucristo les concedan gracia y paz.
Romanos 1.1-7 NVI

Las cartas en la antigüedad

En el Nuevo Testamento las cartas ocupan un lugar destacado. De los veintisiete libros que se incluyen en el canon, veintiuno pertenecen al género epistolar, que constituía una forma común y muy importante en los procesos de comunicación en la antigüedad. Y de ese grupo básico de cartas, las asociadas al apóstol Pablo son más de la mitad, un total de trece epístolas.

Las comunicaciones por cartas se han usado en la historia de la humanidad desde épocas muy antiguas. Los primeros ejemplos de este tipo de comunicación aluden detalles administrativos o comunicaciones oficiales entre funcionarios gubernamentales. En el libro VI de la Iliada, se encuentra una de las cartas más antiguas en el Occidente. En la carta el rey Preto ordena matar a Belerofonte, esta comunicación va sellada y enviada en una tabla. La primera carta en la Biblia hebrea, se la envía el rey David al general Joab para propiciar la muerte de Urías el Heteo (2 S 11.14.15).

Posteriormente, en el mundo griego, surge este género literario epistolar y los filósofos de la época –p.ej., Platón y Sócrates, entre otros—lo utilizan reiteradamente para transmitir sus ideas y reflexiones. Las cartas, con el tiempo, se usaron también en comunicaciones privadas y públicas. En las privadas se usaban un estilo de comunicación familiar, pero en las públicas el mensaje iba en formas retóricas elaboradas. Las epístolas descubiertas en Egipto, por ejemplo, son de contenido personal, familiar y comercial.

Desde las perspectivas semíticas, se pueden encontrar cartas en las comunidades judías de Elefantina en Egipto, las cartas del revolucionario Bar Kosibah descubiertas cerca de las cuevas de Qumrán, y las referencias a comunicaciones oficiales en el libro de Esdras (Esd 4.11-16,17-22; 5.7b-17; 6.6-12; 7.12-26). Además, en los libros de los Macabeos se alude a unas cartas en griego, que posiblemente fueron escritas originalmente en hebreo, dirigidas a los judíos de Jerusalén que vivían en la diáspora de Egipto (2 Mac 1.1-9), y a Aristóbulo, que era maestro del rey Tolomeo (2 Mac 1.10—2.18).

Las cartas de Pablo

Las cartas de Pablo a las diversas comunidades cristianas del Nuevo Testamento reconocen la importancia de ese género literario para transmitir información valiosa, pertinente y necesaria. El Libro de los hechos destaca la importancia de los viajes misioneros de Pablo para el crecimiento de las iglesias. En ese proceso de desarrollo congregacional, las epístolas paulinas jugaron un papel protagónico. Las cartas sirvieron para el crecimiento de las incipientes comunidades de fe en el primer siglo después de Cristo.

El apóstol, muy bien instruido en la filosofía griega y la Biblia hebrea, se comunica con las iglesias para saludar, afirmar la fe, identificar desafíos, recomendar soluciones a problemas específicos, agradecer el apoyo y la amistad a colaboradores íntimos, y bendecir a los creyentes. Por su trasfondo hebreo y griego, Pablo, temprano en su ministerio, reconoció la conveniencia de las cartas para la comunicación eficaz del evangelio de Jesucristo.

Al estudiar este importante componente teológico, temático, administrativo y doctrinal del Nuevo Testamento, hay que destacar que las cartas paulinas tienen la intensión explícita de leerse a las congregaciones. El apóstol entendió la necesidad de la educación comunitaria y destacó la lectura pública de sus epístolas (1 Tes 5.27; Col 4.16-17), aunque también transmitió mensajes a personas específicas de la comunidad de creyentes.

Las comunicaciones pastorales a las iglesias presuponen la incorporación de una persona que ejercía funciones secretariales, a quien se dictaban las cartas. Y las epístolas de Pablo no son la excepción (p.ej., Tercio –Ro 16.22--; 1 Co 16.21; Gá 6.11; Col 4.18; 2 Ts 3.17), pues el apóstol era parte de ese mundo amplio griego y hebreo.

La estructura literaria de las cartas paulinas presenta sistematización y continuidad, el apóstol seguía un patrón común en sus comunicaciones. Son tres los componentes básicos de sus epístolas: la introducción, en la cual, además del saludo inicial, se identifican el autor y los destinatarios; el contenido, que presenta los temas fundamentales que el apóstol quiere destacar y exponer en la epístola; y la conclusión, que incluye las oraciones finales, los saludos adicionales a personas específicas y, en ocasiones, algunas recomendaciones específicas. Aunque las comunicaciones paulinas generalmente siguen la misma estructura literaria, el apóstol no se limita a esos formatos tradicionales.

En la introducción de sus cartas, Pablo identifica al remitente y colegas (p.ej., Silvano y Timoteo en la Carta a los Tesalonicenses, 1 Ts 1.1); los destinatarios, que en el caso de la Carta a los Tesalonicenses dirigida a la iglesia en esa comunidad (1 Ts 1.1); y culminaba con el saludo, que incluía los términos "gracia y paz", aunque en ocasiones incluía "misericordia". Ese saludo tiene una acepción teológica y misionera de gran importancia, pues "gracia" (en griego, *chaire*) llega con fuerza a la comunidad helénica de las congregaciones, y "paz" (en hebreo, *shalom*) apela teológicamente y emocionalmente a la comunidad judía. Desde el comienzo mismo de sus cartas, Pablo afirma la universalidad del evangelio de Jesucristo y la importancia del mensaje cristiano para la humanidad, independientemente de la cultura y el idioma.

Una manera de acercarse al *corpus paulinus*, o las cartas asociadas al apóstol Pablo, es relacionarlas con ciertas características temáticas. Y aunque no todos los estudiosos de Pablo concuerdan en varios detalles asociados a las fechas de redacción y autoría, generalmente dividen las epístolas en las siguientes categorías:

- Primeras cartas: Incluyen una referencia a la época en que fueron redactadas y constituyen los escritos más antiguos del Nuevo Testamento.
    - 1 Tesalonicenses
    - 2 Tesalonicenses (algunos estudiosos consideran este escrito como posterior)

- Grandes cartas: Estas cartas son las más extensas e incluyen temas teológicos y pastorales de importancia para la organización y el desarrollo de las congregaciones. Se incorpora en este grupo a Gálatas por su relación temática con Romanos, aunque es más breve.
    - Romanos
    - 1 Corintios
    - 2 Corintios
    - Gálatas

- Cartas de la prisión: Un elemento en común de estas cartas es su lugar de escritura cuando el apóstol estaba preso en alguna prisión que no siempre se identifica con precisión, aunque algunos estudiosos piensan que fue en Roma, en las postrimerías de su ministerio.
    - Efesios
    - Filipenses
    - Colosenses
    - Filemón

- Cartas pastorales: Estas epístolas presuponen que las doctrinas básicas de la fe cristiana ya se habían asentado en las congregaciones, pero que se necesitaban más recomendaciones personales y administrativas para el desarrollo congregacional.
    - 1 Timoteo

- 2 Timoteo
- Tito

El resto del cuerpo de cartas neotestamentarias es: la Carta a los Hebreos –que tiene una estructura más homilética que las tradicionalmente reconocidas como paulinas--, y las Cartas de Santiago, 1 y 2 Pedro, 1, 2 y 3 Juan, y Judas. Junto a las de Pablo, estas epístolas presentan el marco teológico, administrativo e interpersonal de las congregaciones cristianas en la segunda mitad del primer siglo de la iglesia.

Primeras cartas: 1 y 2 Tesalonicenses

Las primeras cartas apostólicas asociadas a Pablo en el Nuevo Testamento son las enviadas a la iglesia en la ciudad de Tesalónica, la capital de la provincia romana de Macedonia. Por su ubicación y su importancia política en el imperio, la ciudad disfrutaba a mediados del primer siglo de un desarrollo económico firme y creciente, ya que formaba parte del sistema de comunicaciones comerciales entre Roma y el Asia Menor. Además, poseía una población numerosa de nacionales y extranjeros. Los inmigrantes se agrupaban en colonias, de acuerdo con las diversas nacionalidades. La comunidad judía en Tesalónica debió ser importante, pues tenía su propia sinagoga.

> *Pablo, Silvano y Timoteo, a la iglesia de los tesalonicenses*
> *que está en Dios el Padre y en el Señor Jesucristo:*
> *Gracia y paz a ustedes.*
> *Siempre damos gracias a Dios por todos ustedes cuando*
> *los mencionamos en nuestras oraciones.*
> *Los recordamos constantemente delante de nuestro Dios y*
> *Padre a causa de la obra realizada por su fe,*
> *el trabajo motivado por su amor, y la constancia sostenida*
> *por su esperanza en nuestro Señor Jesucristo.*
> 1 Tesalonicenses 1.1-3 NVI

El mensaje de Jesucristo llegó a Europa por medio de la predicación de Pablo y sus colegas. De acuerdo con las narraciones en el libro de los Hechos, el evangelio llegó a Tesalónica, luego que Pablo pasó por Anfípolis y Apolonia (Hch 17.1; 1 Tes 2.1-2). En Tesalónica, el apóstol estuvo en diálogo y discusiones con líderes judíos de la ciudad por tres sábados (Hch 17.2), aunque su estadía en Tesalónica debe haberse prolongado por varios meses (Hch 17.4-9; Fil 4.16).

Las predicaciones y enseñanzas de Pablo en Tesalónica dieron respuestas variadas. Se convirtieron al evangelio algunos judíos, un buen número de griegos piadosos, y no pocas mujeres nobles (Hch 17.4). Es decir, hubo respuestas positivas a la predicación del evangelio. Sin embargo, un sector judío, celoso y terco, que no recibió con agrado las palabras del apóstol, organizó contra Pablo un movimiento de rechazo público y persecución. Y esas dinámicas provocaron que el apóstol abandonara la ciudad de manera abrupta, para salvar su vida (Hch 17.5-10).

Al abandonar la ciudad de Tesalónica, Pablo se dirigió a Berea (Hch 17.10), luego a Atenas (Hch 17.15), para finalmente llegar a Corinto (Hch 18.1). Y en esa importante ciudad de Corinto, por los años 51-52 d.C., el apóstol redacta su primera carta a los tesalonicenses (1 Ts 3.6; Hch 18.5), que a la vez se convirtió en el escrito más antiguo del Nuevo Testamento.

Aunque el anhelo del apóstol era regresar a Tesalónica, desde Atenas envió a su fiel colaborador y amigo Timoteo para animar a los creyentes, y para que posteriormente le informara referente a la vida y los desafíos que tenía aquella comunidad de fe (1 Tes 2.17-18; 3.2,3-5). Luego de su viaje, Timoteo reportó a Pablo el resultado de la visita y su experiencia. Generalmente las noticias eran buenas, aunque notó cierta inmadurez preocupante en la congregación. La segunda carta de Pablo a la iglesia en Tesalónica contiene sus reflexiones teológicas y pastorales, que posiblemente responden a las inquietudes del informe de Timoteo.

La estructura temática de 1 Tesalonicenses no es compleja. La introducción comienza con un saludo apostólico (1 Ts 1.1) y una sección de acciones de gracias (1 Ts 1.2-10). El cuerpo de la carta de divide en dos: en primer lugar, recuerda el ministerio en la ciudad, su estadía y sus experiencias (1 Ts 2.1-16); y, además, añade unas exhortaciones pastorales, en las cuales menciona la razón fundamental de enviar a Timoteo a visitarlos, en vez de llegar él mismo (1 Ts 2,17—3.5).

La carta también incluye una exhortación a vivir en paz y fidelidad a Dios (1 Ts 4.3-12), y presenta el importante tema teológico del retorno del Señor, pues afirma que ese día vendrá de forma repentina (1 Ts 5.2). En la conclusión, incorpora unos saludos y la bendición final, y reitera la necesidad de cumplir con las responsabilidades inherentes de ser parte de la iglesia de Cristo (1 Ts 5.25-28).

El tema del retorno de Cristo se explora aún más en 2 Tesalonicenses. La razón para continuar y ampliar ese tema teológico es la aparición en la iglesia de unas personas que, en vez de edificar y apoyar el crecimiento espiritual de los creyentes, traían mensajes que causaban confusión. El énfasis de esas personas a los temas escatológicos, en vez de traer calma, paz, seguridad y sobriedad en la iglesia, generaban ansiedad, inquietud, e intranquilidad. Y como respuesta a esa preocupación congregacional, se escribe la segunda carta a los tesalonicenses.

> *Ahora bien, hermanos, en cuanto a la venida de nuestro Señor Jesucristo y a nuestra reunión con él, les pedimos que no pierdan la cabeza ni se alarmen por ciertas profecías, ni por mensajes orales o escritos supuestamente nuestros, que digan: «¡Ya llegó el día del Señor!» No se dejen engañar de ninguna manera…*
> 2 Tesalonicenses 2.1-3a NVI

La lectura de la segunda carta revela que las dinámicas en la congregación eran complejas y los creyentes estaban llenos de ansiedad y preocupación. Pablo, ante esas actitudes, da gracias a Dios porque la iglesia progresa en la fe y el amor, y responde con paciencia ante los desafíos que enfrenta (2 Ts 1.3-4). De acuerdo con el apóstol, el buen testimonio de los creyentes de Tesalónica será bien recompensado por Dios, cuando finalmente se manifiesta el Señor desde el cielo (2 Ts 1.3-12). Para Pablo, las buenas acciones de los creyentes no van a pasar desapercibidas ante la presencia del Señor.

Referente a la segunda venida de Cristo, Pablo es más explícito en esta segunda epístola que en la anterior. Afirma que ese será un evento seguro pero no inmediato, y presenta señales que precederán ese extraordinario y fundamental acontecimiento. Como una señal divina, Pablo identifica la especial aparición de un impío, enviado de Satanás, que manifestará su iniquidad en el mundo (2 Ts 2.1-12). La palabra de esperanza ante tal amenaza extraordinaria es que el Señor lo destruirá, cuando manifieste el juicio divino y exhiba su victoria sobre los que no creyeron en la verdad y participaron de las injusticias provocadas por el enviado de la maldad.

La sección final de 2 Tesalonicenses incluye unas acciones de gracias y algunas exhortaciones finales (2 Ts 2.13—3.5). El apóstol finaliza su carta con unas palabras que alienta el trabajo honrado y la disciplina en la vida. La finalidad es la convivencia grata y pacífica en la congregación.

La lectura cuidadosa de ambas cartas revela claramente temas en común y preocupaciones teológicas y pastorales similares. Se incluyen frases y expresiones semejantes, pero principalmente el tema básico en común es la segunda venida de Cristo, aunque en la segunda carta el asunto se expone con más intensidad práctica y deseo pastoral.

Aunque es posible que la segunda carta a los tesalonicenses se haya escrito también desde Corinto, temprano en los años 51-52, algunos estudiosos la ubican en una fecha posterior. El fundamento de esa comprensión, entre otros, se relaciona con los cambios en el planteamiento del tema de la parusía y también la ausencia de las referencias a relaciones personales del apóstol con esa comunidad. Ese sector académico piensa que la carta pudo haber sido escrita por un discípulo cercano al apóstol Pablo.

Grandes cartas: Romanos, 1 y 2 Corintios, y Gálatas

Carta a los Romanos

La Carta a los Romanos, la más extensa de las epístolas paulinas, es uno de los documentos teológicos y pastorales más importantes del Nuevo Testamento. Su mensaje amplio y pertinente ha orientado y bendecido generaciones de creyentes que, en medio de los grandes desafíos de la vida, han decidido confiar y disfrutar de la gracia de Dios. Y esa afirmación teológica ha sido el poder y la fuente de esperanza que ha permitido a cristianos e iglesias superar las adversidades de la vida en el nombre del Señor a través de la historia.

> *Pablo, siervo de Cristo Jesús, llamado a ser apóstol, apartado para anunciar el evangelio de Dios, que por medio de sus profetas ya había prometido en las sagradas Escrituras. Este evangelio habla de su Hijo, quien según la naturaleza humana era descendiente de David, pero según el Espíritu de santidad, fue designado con poder Hijo de Dios por la resurrección.*

Él es Jesucristo nuestro Señor. Por medio de él, y en honor a su nombre, recibimos el don apostólico para persuadir a todas las naciones que obedezcan a la fe.
Entre ellas están incluidos también ustedes, a quienes Jesucristo ha llamado.
Carta a los Romanos 1.1-6 NVI

Cuando escribe la Carta a los Romanos, Pablo no había visitado aún la ciudad ni la iglesia en el corazón del imperio. Aunque se había propuesto en varias ocasiones llegar a Roma para predicar el evangelio (Ro 1.9-10,13,15; 15.22-23), esa ansiada visita no se había podido cumplir. Sin embargo, a juzgar por la lista de personas que saluda al final del escrito (Ro 16), inclusive antes de llegar físicamente al corazón del imperio, el apóstol ya contaba con un buen grupo de colaboradores y amistades en esa comunidad de fe (Ro 1.6-7).

Esta carta de Pablo presupone una serie de tensiones y dificultades pastorales y teológicas, que el apóstol pensaba debía atender con sabiduría, prontitud y efectividad. Las recomendaciones apostólicas para la afirmación de la unión y la fraternidad entre los creyentes de la congregación son de suma importancia (Ro 11.11-25; 14.1--15.6). Una potencial dinámica y actitudes de división se cernía en la iglesia, relacionada con una serie de dificultades y malentendidos entre creyentes de diferentes trasfondos judíos y gentiles. En medio de ese ambiente de potencial crisis, las recomendaciones pastorales, eficaces y sabias del apóstol no se hicieron esperar.

Esta carta debió haber sido escrita por el año 55 d.C., mientras el apóstol estaba en Corinto. Una lectura atenta del escrito nota las continuidades teológicas con la Carta de los Gálatas. Como las dos epístolas provienen del mismo contexto histórico, responden a desafíos pastorales similares y a dinámicas doctrinales comunes. Los estudiosos interpretan tradicionalmente la relación temática entre las cartas a los romanos y los gálatas de dos formas: en primer lugar, se piensa que la comunicación a los romanos expande los temas que se presentan de forma concisa en la carta a los gálatas; o quizá, que en la epístola a los gálatas se abrevian los temas que se exponen con mayor amplitud en la epístola a la comunidad de fe de los romanos.

Independientemente de la comprensión que se acepte de la relación entre estas epístolas, la verdad es que tienen una serie en común de temas teológicos y pastorales de suma importancia para las iglesias. Entre los temas expuestos de importancia apostólica se pueden identificar los siguientes:

- El poder del pecado sobre las personas: Ro 1.18—2.11; 3.9-19; Gá 3.10-11; 5.16-21
- La Ley de Moisés no tiene poder para salvar: Ro 2.12-29; 3.19-20; 7.1-25; Gá 2.15-16; 3.11-13, 21-26
- La gracia divina revelada y manifestada en Cristo: Ro 1.16-17; 3.21-26; Gá 2.20-21; 4.4-7
- La justificación mediante la fe en Cristo: Ro 3.26,30; 4.1—5.11; Gá 2.16; 3.11, 22-26; 5.1-6
- La revelación y la manifestación del fruto del Espíritu Santo: Ro 8.1-30; Gá 5.22-26

La estructura literaria y temática de la Carta a los Romanos es directa y clara: En primer lugar, se incluye una introducción intensa, en la que el apóstol comienza con la afirmación de una serie de conceptos teológicos básicos y de importancia capital para la comunidad (Ro 1.1-15). El cuerpo de la carta se puede dividir en dos secciones básicas: en la primera parte, se exponen varios conceptos doctrinales que son muy importantes para la unidad y el crecimiento congregacional (Ro 1.16—11.36); y en segunda, se hace una serie de exhortaciones pastorales que intentan contribuir a la paz interna en la iglesia. En la conclusión, el apóstol incorpora varias notas personales, que destacan el conocimiento del liderato congregacional de Pablo.

La metodología utilizada por el apóstol en esta carta es importante, pues muestra no solo sus recursos teológicos y pastorales, sino su capacidad de comunicación. En esta carta, Pablo utiliza diversos recursos retóricos, como los diálogos, las preguntas y respuestas, incorpora citas de la Biblia hebrea –generalmente en griego, de la Septuaginta o LXX--, brinda varios ejemplos ilustrativos, y también emplea las alegorías para destacar y afirmar su objetivo pedagógico.

Referente a la salvación, la carta afirma que, como las personas están cautivas por el pecado que entró en la humanidad, no pueden obtener la redención por méritos propios. Únicamente Dios tiene el querer, la autoridad y el poder de liberar a la gente y brindarle la salvación eterna por medio de la fe en el Señor Jesucristo (Ro 3.24). En la carta, el apóstol explora aún más el tema de la fe (Ro 3.21—4.25) y utiliza un singular lenguaje jurídico y legal, para afirmar que la libertad y la paz que Dios ofrece, se revelan a través de Jesucristo y se manifiestan solo por su gracia. Las personas nada pueden hacer para alcanzar esa manifestación de misericordia y amor de Dios. Solo deben aceptar la salvación divina a través de la fe en Jesucristo.

Una sección importante de la epístola se dedica a explorar el tema de la salvación para el pueblo Israel (Ro 9.1--11.8). Y el apóstol expone los siguientes asuntos: la elección del pueblo de Israel, la importancia de la justicia que se fundamenta en la fe, la necesidad del remanente o resto de Israel, la salvación para los gentiles y la restauración de Israel. Son exposiciones teológicas muy bien pensadas, que afirman con claridad que Dios no ha acabado aún con su pueblo, ya que la redención total y definitiva llegará en el momento oportuno porque los dones de Dios son irrevocables.

El apóstol dedica la segunda sección del cuerpo de la carta a exhortar a los creyentes a vivir conforme a la ley del amor. Esa declaración teológica es válida para todos los creyentes, pues las actitudes y las decisiones que provienen de la práctica del amor incentivan el respeto, motivan el diálogo y facilitan la unidad en las congregaciones (Ro 12.1—13.9). Además, los estilos de vida fundamentados en el amor tienen efectos positivos en la sociedad en general, tanto en las esferas gubernamentales y jurídicas.

> *El amor es paciente, es bondadoso.*
> *El amor no es envidioso ni jactancioso ni orgulloso.*
> *No se comporta con rudeza, no es egoísta, no se enoja fácilmente, no guarda rencor.*
> *El amor no se deleita en la maldad, sino que se regocija con la verdad.*
> *Todo lo disculpa, todo lo cree, todo lo espera, todo lo soporta.*
> *El amor jamás se extingue…*
> 1 Corintios 13.4-8a

Para Pablo, la fe es una fuerza fundamental en la vida porque manifiesta el amor. Es la fe el valor que motiva a la gente a rechazar las actitudes de orgullo y soberbia, en niveles individuales y colectivos. La jactancia y las actitudes de prepotencia no son manifestaciones del amor. El amor produce gestos de solidaridad y respeto hacia los diversos sectores de la comunidad (Ro 12.1—15.13).

En el epílogo de la Carta a los Romanos (Ro 15.14—16.27), Pablo incluye una serie de observaciones personales, recomendaciones y saludos a un grupo importante de líderes congregacionales. Entre los saludos, del apóstol y de sus colaboradores, se incorporan algunas virtudes del grupo.

La carta finaliza con una declaración teológica fundamental (Ro 16.20), en la que se afirma que el Dios de paz aplastará a Satanás bajos sus pies. La doxología que culmina la carta (Ro 16.25-27), que es una alabanza a Dios, alude a varios de los temas de importancia que se han presentado a los creyentes de la iglesia en Roma.

Cartas a los Corintios

La importante ciudad de Corinto estaba ubicada al sur de Grecia, en la península del Peloponeso; era la capital de la provincia romana de Acaya. Como tenía dos puertos para la llegada al mar --al Adriático por Lequeo y al Egeo por Cencrea (Hch 18.8; Ro 16.1)—la ciudad gozaba de una economía fuerte y privilegiada, en la época neotestamentaria. Y su población, en tiempos del apóstol Pablo, era de unas 600 mil personas, entre comerciantes, marineros, soldados y un gran porcentaje de esclavos.

> *Siempre doy gracias a mi Dios por ustedes, pues el, en Cristo Jesús, él les ha dado su gracia.*
> *Unidos a Cristo ustedes se han llenado de toda riqueza, tanto en palabra como en conocimiento.*
> *Así se ha confirmado en ustedes nuestro testimonio acerca de Cristo, de modo que no les falta ningún don espiritual mientras esperan con ansias que se manifieste nuestro Señor Jesucristo.*
> *Él los mantendrá firmes hasta el fin, para que sean irreprochables en el día de nuestro Señor Jesucristo.*
> *Fiel es Dios, quien los ha llamado a tener comunión con su Hijo Jesucristo, nuestro Señor.*
> Carta a los Corintios 1.4-9 NVI

Corinto era reconocida en el Imperio romano como una ciudad culta y muy buena economía, y en términos políticos gozaba de estabilidad. Desde la perspectiva moral, sin embargo, la ciudad era famosa por sus conductas libertinas y sus actividades cúlticas a la diosa Afrodita, que incluía prácticas sexuales. Esos comportamientos eran conocidos en toda la región y en el resto del imperio romano.

La iglesia cristiana en Corinto comenzó temprano en los años 50, cuando Pablo llegó a la ciudad desde Atenas. La tarea evangelizadora y educativa del apóstol, que se realizó por un año y medio (Hch 18.11), fue ciertamente eficaz. Comenzó sus predicaciones entre los sectores judíos de la ciudad, pero esa comunidad rechazó las nuevas doctrinas y enseñanzas que presentaba y afirmaba el apóstol.

Ese rechazo judío motivó al apóstol a dedicar sus esfuerzos de evangelización a los grupos de gentiles, que aceptaron el evangelio de Jesucristo (Hch 18.6; 1 Co 1.26; 12.2), aunque vivían en tensión continua por el ambiente de inmoralidad en la ciudad. En efecto, Pablo presentó el fundamento del mensaje cristiano, que posteriormente continuó con el ministerio de otros líderes, como Apolos (1 Co 1.12).

La primera carta de Pablo a la comunidad de fe corintia fue escrita desde la ciudad de *Éfeso, donde el apóstol vivió por unos tres años (c.54-57 d.C.). Unos creyentes de Corinto –Estéfanas, Fortunato y Acaico (*1 Co 16.17)-- llegaron ante el apóstol con una serie de consultas teológicas, pastorales y administrativas. Pablo responde de forma pastoral a esas preocupaciones en su epístola (1 Co 7.1,25; 8.1; 10.23; 11.2; 12.1; 15.1).

Los familiares de una mujer esclava de la iglesia, identificada como Cloe (1 Co 1.11), informaron al apóstol de los desafíos y las dificultades que vivían los creyentes en Corinto, al experimentar dinámicas de división: ¡mostraban lealtades variadas a Pablo, Pedro o Apolos! (1 Co 1.12; 3.4) Además, el trasfondo pagano de algunos cristianos en Corinto propiciaba la laxitud moral, que generaba dificultades *éticas* entre algunos líderes de la comunidad.

La estructura temática de la carta se relaciona principalmente con los conflictos que vivía la iglesia y las recomendaciones pastorales de Pablo.

- El prólogo: 1 Corintios 1.1-9. En esta sección inicial, Pablo comienza con los saludos protocolares, en los cuales no solo identifica a la iglesia en Corinto sino al hermano Sóstenes, que debe haber sido uno de los líderes prominentes de la congregación. A esos saludos, el apóstol añade las gratitudes a Dios por la fidelidad que ha manifestado la iglesia y por los dones del Espíritu que ha recibido.

- Divisiones en la congregación: 1 Corintios 1.12—4.21. El primer tema que atiende Pablo es el de las divisiones en la iglesia. Afirma que esas actitudes impropias se relacionan y fundamentan por ignorar o rechazar varios postulados teológicos esenciales e indispensables para la fe cristiana. Entre esas afirmaciones están las siguientes: la unidad en la iglesia es un reclamo que proviene directamente de Dios (1 Co 1.12-17), pues Cristo no está dividido; la palabra de Dios es poder, y la sabiduría verdadera es la que el Señor revela para beneficio de los creyentes (1 Co 1.18—3.4); y finalmente, declara que el único fundamento para la salvación en Cristo (1 Co 3.5—4.5).
- Pablo corrige y orienta a los creyentes: 1 Corintios 5.1—14.40. En esta sección extensa, Pablo responde a problemas pastorales, éticos, espirituales y teológicos específicos de diferentes naturalezas. Rechaza un conflicto *ético y moral que se vivía en la iglesia (1 Co 5.1-13);* brinda orientación de *cómo resolver pleitos entre creyentes*, sin tener que llevarlos a algún foro legal, judicial y civil ajeno a la fe (1 Co 6.1-11); responde contra los comportamientos sexuales impropios y condenables (1 Co 6.12-20); y orienta a la iglesia respecto a los valores éticos que deben afirmar en el culto para la celebración de la Cena del Señor (1 Co 11.17-22, 27-34).
- Hay que destacar que Pablo incluye una serie de respuestas específicas a preocupaciones de los líderes de la congregación. Explora el tema del matrimonio y el celibato (1 Co 7.1-40) y analiza el consumo de alimentos que han sido ofrendados a los ídolos (1 Co 8.1-13; 10.25-31).
- El tema de los dones espirituales tiene en las recomendaciones apostólicas una sección especial (1 Co 12.1—14.40). Además, Pablo incluye en la carta una serie importante de afirmaciones teológicas y pastorales, como el rechazo a la idolatría (1 Co 10.1—11.1), la mujer que ora o profetiza que se cubra la cabeza (1 Co 11.2-16) y la importancia de la Cena del Señor (1 Co 11.23-26).
- El apóstol incorpora en la epístola un poema con el tema del amor de excelente contenido teológico y belleza literaria, que no solo orientó a la comunidad de fe en la ciudad de Corinto, sino que se ha utilizado a través de la historia como evidencia funda-

mental que identifica a la gente de fe (1 Co 12.12.31b—13.13). Finalmente incluye una serie importante de enseñanzas en torno a la resurrección de los muertos en Cristo (1 Co 15.1-58).
- En el epílogo, Pablo comparte algunas indicaciones referentes a la ofrenda para la iglesia de Jerusalén, además de los acostumbrados saludos finales y algunas referencias personales (1 Co 16.1-24).

La segunda carta de Pablo a la iglesia de Corinto no revela los mismos problemas que el apóstol atiende en su comunicación anterior. Posiblemente, con el paso del tiempo y las recomendaciones apostólicas, la iglesia superó paulatinamente las dificultades que motivaron la comunicación inicial. Hay que destacar que el riesgo de división que se manifestaba como una posibilidad real en la iglesia, ya no se muestra como un desafío inminente en la segunda epístola.

Luego de la primera carta a los corintios, Pablo estuvo como por tres años en la ciudad Éfeso, donde Dios le había abierto una puerta grande y eficaz (Hch 20.21). No obstante, la predicación del evangelio y las enseñanzas del Reino que presentaba en esa ciudad tenía la oposición de muchas personas (1 Co 16.9).

Posiblemente, después de su primer viaje a Corinto, Pablo regresara a esa ciudad desde Éfeso que era la capital de la provincia romana de Acaya. Esa visita adicional del apóstol se evidencia en sus comentarios en la segunda carta, en la que afirma que estaba dispuesto a ir por tercera vez a Corinto (2 Co 12.14; 13.1). Y esa visita, que debe haber sido breve, resultó en decepción y amargura para Pablo, ya que se percató que la iglesia de Corinto continuaba con algunos problemas antiguos y que, inclusive, habían llegado personas para desprestigiar su ministerio y poner en duda su autoridad apostólica en la comunidad.

Al finalizar esa segunda visita y regresar a Éfeso, Pablo escribe una carta con gran tristeza, angustia de corazon, y con muchas *lágrimas (2 Co 2.4). Esa comunicación apostólica, que algunos estudiosos la identifican como la "carta de* las lágrimas" y piensan que se perdió, puede descubrirse en la sección que se encuentra en 2 Corintios 10.1—13.1. Si la "carta con lágrimas" se encuentra efectivamente en la sección conocida como "Nueva defensa del apóstol Pablo" (2 Co 10.1—13.1), la actual segunda carta a los corintios sería entonces la unión de, por lo menos, dos epístolas paulinas previas.

Tito, amigo, compañero y buen colaborador de Pablo (2 Co 8.23; 12.18), fue el encargado de llevar esta nueva comunicación apostólica a la iglesia en Corinto. En esa ocasión, Pablo estaba en medio de una serie de desafíos existenciales en Éfeso, que motivaron su salida repentina de la ciudad (Hch 20.1): los disturbios ocasionados por un tal Demetrio, que era un platero reconocido en la ciudad (Hch 19.23-41), propiciaron su decisión.

Cuando Tito finalmente se encontró con Pablo y presentó su informe de sus labores misioneras en Corinto, afirmó que los resultados de su viaje y su gestión misionera fueron buenos. Y esas noticias tranquilizaron al apóstol. Las dinámicas interpersonales y teológicas en la congregación habían mejorado considerablemente; inclusive, los creyentes de la ciudad lamentaban lo sucedido (2 Co 7.5-16). Aunque también Tito informó de la presencia de algunos creyentes judaizantes, posiblemente de Jerusalén, que mantenían sus críticas a Pablo, con la finalidad de rechazar y socavar su autoridad ética, moral y espiritual en la iglesia (2 Co 11.22-21; 12.11-13).

La estructura de la carta se puede dividir en los siguientes temas:

- En primer lugar, se incluye el prólogo en la tradición paulina, en el que, además de presentar el saludo apostólico tradicional de "Gracia y paz", se incorpora una serie de aflicciones que vivió el apóstol en su ministerio: 2 Corintios 1.1-11.
- En la primera sección del contenido o cuerpo de la carta (2 Co 12—7.7.16), el apóstol reflexiona sobre la vida de la congregación corintia y explica por qué decidió no regresar nuevamente a visitarlos. Además, el apóstol defiende con firmeza su ministerio, que lo identifica como un ministerio del Espíritu (2 Co 3.8) y de la reconciliación (2 Co 5.18-20) para destacar el fundamento *ético, moral y espiritual* de sus labores apostólicas y el ámbito teológico de sus actividades. Finalmente, Pablo exhorta a los creyentes a vivir a la altura de la revelación divina: 2 Corintios 6.11—7.16
- La segunda parte de la carta (2 Co 8.1—9.15) es un llamado pastoral a la generosidad por la iglesia de Jerusalén, que vivía un momento de grandes desafíos físicos y necesidades materiales (Ro 15.26). Parece que la respuesta inicial de la iglesia corintia fue positiva, aunque posteriormente mostraron poco deseo de colaborar con sus hermanos en Jerusalén (2 Co 8.1-15).

- La tercera sección de la carta muestra un tono enérgico y decidido, que ciertamente llama la atención (2 Co 10.1—13.10). En esta oportunidad, Pablo reitera el tema de su apostolado y afirma que ha sido llamado y comisionado por Cristo, defendiendo con vehemencia su ministerio. Expone una serie de tribulaciones que ha vivido y sufrido, como parte del llamado de Dios que ha recibido; indica, además, que se goza en el amor de Cristo, porque cuando es débil, entonces es fuerte (2 Co 12.10). Es en esta sección que el apóstol declara que el mejor título de un verdadero siervo de Dios es tener una vida consagrada plenamente al servicio del Señor.
- En el epílogo (2 Co 13.11-14), Pablo incluye los saludos finales y una afirmación doxológica para bendecir a todos los creyentes.

Carta a los Gálatas

La carta de Pablo a los creyentes en Galacia es muy importante, pues nos permite comprender la naturaleza y extensión de su misión en la zona central del Asia Menor, que era parte de la infraestructura política y administrativa del Imperio romano desde el primer siglo d.C. Sus pobladores eran descendientes de los antiguos grupos celtas, también conocidos como "galos", de donde procede el nombre de la región.

Aunque las referencias a Galacia en el Nuevo Testamento no son muchas (Hch 16.6; 18.23; 1 Co 16.1; 2 Ti 4.10; y 1 P 1.1), no se puede ignorar ni subestimar la importancia de la región en el desarrollo de la fe cristiana, y también en la política y economía del imperio. Por testimonio de Pablo, sabemos que *él* predicó el evangelio en esas comunidades ubicadas en diversos lugares de la provincia. Y para responder a las necesidades de los creyentes y las iglesias de la región, que posiblemente tenían un trasfondo pagano, Pablo escribió esta importante carta (Gá 4.8).

El propósito fundamental de la carta era responder a las actitudes ambivalentes de la iglesia, que al principio había recibido con agrado el evangelio y al propio apóstol, pero en poco tiempo dejaron de obedecer a la verdar y y perdieron fervor del primer amor (Gá 5.7). Posiblemente, esas actitudes dubitativas de los creyentes se fundamentan en la presencia de una serie de "falsos hermanos" que predicaban en contra de la libertad que Dios les habia dado (Gá 2.4). Esos grupos sembradores de confusión y tergiversadores eran de origen judío que visitaban diversas comunidades de fe en la región para desafiar las enseñanzas apostólicas y rechazar el ministerio y la autoridad de Pablo (Gá 1.10-12).

> *Me asombra que tan pronto estén dejando ustedes a quien los llamó por la gracia de Cristo, para pasarse a otro evangelio.*
> *No es que haya otro evangelio, sino que ciertos individuos están sembrando confusión entre ustedes y quieren tergiversar el evangelio de Cristo.*
> *Pero, aun si alguno de nosotros o un ángel del cielo les predicara un evangelio distinto del que les hemos predicado, ¡que caiga bajo maldición!*
> *Como ya lo hemos dicho, ahora lo repito:*
> *si alguien les anda predicando un evangelio distinto del que recibieron, ¡que caiga bajo maldición!*
> Carta a los *Gálatas 1.6-9* NVI

El argumento de los "falsos hermanos" afirmaba que para que el evangelio de Jesucristo que predicaba Pablo fuera correcto, tenía que mantener como autoridad máxima la Ley mosaica, además de seguir fielmente las tradiciones judías, particularmente la circuncisión (Gá 3.11-14; 5.1-6; 6.12-13). Esos grupos eran judaizantes que intentaban mantener cautiva a la iglesia de Jesucristo en las creencias judías antiguas, que ya habían sido resueltas por el concilio o asamblea de Jerusalén (Hch 15). La exhortación de Pablo es que Cristo había hecho a las iglesias y los creyentes libres por la verdad del evangelio (Gá 5.1).

Referente a esas actitudes de los grupos judaizantes, Pablo se percató de la naturaleza compleja de los problemas que provocaban en las congregaciones. Esos grupos constituían un serio peligro para las comunidades de fe, pues confundían a las personas con enseñanzas "aparentemente" bíblicas, sin considerar la naturaleza liberadora y transformadora del evangelio de Jesucristo a través de su enseñanza, vida, muerte y resurrección.

Luego de escribir a los cristianos en Roma, Pablo preparó la carta a los gálatas posiblemente desde la ciudad de Corinto, entre los años 55-60 d.C. Y esa es una de las razones por la cual se pueden identificar elementos en común entre las dos epístolas.

El tema fundamental de la carta es afirmar que no hay otro evangelio que el que predicó y vivió Jesucristo. Y para explicar esa importante afirmación teológica, Pablo presenta sus enseñanzas en las siguientes secciones.

- En primer lugar, se incluye un prólogo que se divide en dos secciones: los saludos iniciales (Gá 1.1-5) y una afirmación teológica, que brinda a la carta el tono fundamental de gran importancia, pues hay un solo evangelio y es el de Cristo (Gá 1.6-9).
- El cuerpo de la carta consta de tres secciones básicas. La primera (Gá 1.11—2.21) afirma la verdad del evangelio que el apóstol ha predicado en Galacia, además de aludir a su reprensión a Pedro por el tema de la predicación del evangelio en las comunidades gentiles (Gá 2.11-21).
- En la segunda sección de la carta el tema teológico destacado es la naturaleza de la fe y la libertad cristiana (Gá 3.1—5.12). Es una especie de amonestación a los creyentes que, ante el cumplimiento de la Ley de Moisés, rechazan y subestiman la gracia divina. Entre los argumentos de Pablo están los siguientes: el Espíritu se recibe por la fe (Gá 3.1-5), la afirmación del pacto de Dios con Abraham (Gá 3.6-18), el propósito de la Ley (Gá 3.19—4.7), una exhortación contra la esclavitud (Gá 4.8-20), la alegoría de Sara y Agar (Gá 4.21-31), y la afirmación de la libertad cristiana (Gá 5.1-12).

> *¡Gálatas torpes!*
> *¿Quién los ha hechizado a ustedes, ante quienes Jesucristo crucificado ha sido presentado tan claramente?*
> *Solo quiero que me respondan a esto:*
> *¿Recibieron el Espíritu por las obras que demanda la Ley, o por la fe con que aceptaron el mensaje?*
> *¿Tan torpes son? Después de haber comenzado con el Espíritu, ¿pretenden ahora perfeccionarse con esfuerzos humanos?*
> *¿Tanto sufrir para nada?¡Si es que de veras fue para nada!*
> *Al darles Dios su Espíritu y hacer milagros entre ustedes, ¿lo hace por las obras que demanda la ley o por la fe con que han aceptado el mensaje?*
> Gálatas 3.1-5 NVI

La tercera parte de la carta explora el tema de la libertad cristiana (Gá 5.13—6.10). El apóstol afirma la importancia de hacer buen uso de esa libertad que Cristo le ha dado a las iglesias y los creyentes. Y en ese contexto teológico y educativo, el apóstol presenta el tema de las obras de la carne y el fruto del Espíritu (Gá 5.16—6.10).

Al final de la carta Pablo incluye en el epílogo, escrito a mano (Gá 6.11), una afirmación teológica en referencia a la cruz de Cristo (Gá 6.11-17), en la cual el apóstol se gloría, y la bendición apostólica (Gá 6.18).

Cartas desde la prisión: Efesios, Filipenses, Colosenses y Filemón

Carta a los Efesios

Las cartas que se denominan "desde la prisión", fueron redactadas cuando Pablo estaba preso. Unos estudiosos piensan que se originaron en Roma, mientras que otros eruditos asocian estas comunicaciones pastorales con alguna cárcel en Éfeso. Y aunque la localización del cautiverio no se puede precisar con seguridad, ni se puede afirmar que todas las cartas hayan sido escritas en la misma prisión, los temas expuestos, las preocupaciones pastorales y el vocabulario utilizado las relacionan directamente con el apóstol Pablo.

Éfeso era una ciudad de mucha importancia en la antigüedad pues, además de ser la capital regional y el lugar de residencia oficial del gobernador de la provincia, contaba, desde mediados del siglo segundo a.C., con medio millón de habitantes. Su ubicación era privilegiada por estar en la costa del mar Mediterráneo, y era parte del sistema de comunicaciones comerciales, políticas y militares del Imperio romano.

La ciudad de Efeso también era reconocida por ser un centro de peregrinación a la diosa Diana., Alli los devotos llegaban con regularidad al templo dedicado a esa divinidad de todas las regiones de Asia y del mundo (Hch 19.23-41). Esas peculiaridades políticas, comerciales, religiosas y de comunicación contribuían positivamente al prestigio de la ciudad.

Según el libro de los Hechos, el apóstol Pablo llegó a la ciudad de Éfeso en dos ocasiones. La primera visita fue breve (Hch 18.19-21); sin embargo, la segunda visita apostólica a la ciudad fue extensa e intensa, y que duró unos tres años. Esa referencia del tiempo del apóstol en la ciudad, manifiesta claramente la naturaleza e importancia de las labores pastorales y misioneras de Pablo en esa comunidad (Hch 19.1—20.1, 31).

Un detalle fundamental del ministerio de Pablo en la ciudad de Éfeso son sus referencias a diversas personas relacionadas con esa ciudad. Ese detalle evidencia que Pablo mantuvo lazos estrechos de amistad y de trabajo con los líderes de la iglesia, que vivían en un ambiente pagano, liderado por el culto a Diana, conocida como "la diosa de los efesios" (1 Co 15.32; 16.8; 1 Ti 1.3; 2 Ti 1.18; 4.12). No es de ignorar que, en la carta a los efesios, Pablo saluda por nombre solo a Tíquico (Ef 6.21), que provenía de Asia y era compañero de Pablo. Tíquico fue el que llevó las cartas apostólicas a las iglesias de Éfeso y Colosas.

El eje teológico de la carta a los efesios es la unidad interpersonal y de propósitos que debe manifestarse en la iglesia y los creyentes, y también de toda la creación. Esa unidad proviene de la manifestación plena de la autoridad y el gobierno del Cristo resucitado en la historia (Ef 1.20-22). Y esa fundamental afirmación teológica y cristológica tiene como resultado inmediato la reunión de todas las cosas en el tiempo especial estipulado por Dios (Ef 1.9-10). El propósito de Dios, en efecto, se revela a la humanidad a través del mensaje de las iglesias y la predicación de las enseñanzas de Jesucristo (Ef 3.10-11).

> *Aunque soy el más insignificante de todos los santos,*
> *recibí esta gracia de predicar a las naciones las incalculables*
> *riquezas de Cristo y de hacer entender a todos la realización*
> *del plan de Dios, el misterio que desde los tiempos eternos*
> *se mantuvo oculto en Dios, creador de todas las cosas.*
> *El fin de todo esto es que la sabiduría de Dios, en toda su*
> *diversidad, se dé a conocer ahora, por medio de la iglesia,*
> *a los poderes y autoridades en las regiones celestiales,*
> *conforme a su eterno propósito realizado en Cristo Jesús*
> *nuestro Señor.*
> *En él, mediante la fe, disfrutamos de libertad y confianza*
> *para acercarnos a Dios.*
> *Así que les pido que no se desanimen a causa de lo que*
> *sufro por ustedes, ya que estos sufrimientos míos son para*
> *ustedes un honor.*
> Efesios 3.8-13 NVI

Luego del prólogo y el epílogo, el cuerpo de la carta se puede dividir en dos secciones básicas. Y esas secciones destacan los temas de la obra salvadora de Dios en el mundo y la historia, y subrayan la naturaleza de la vida cristiana.

- El prólogo de la carta (Ef 1.1-2) es corto y directo: Se afirma el apostolado de Pablo, que es producto de la revelación de Jesucristo; además, se saluda a los santos de la ciudad, en referencia a los creyentes de la iglesia, y se incluye la referencia a la "gracia y la paz", que es como una rúbrica de autoría del apóstol. Y la autoridad del saludo y la carta provenían de Dios y de Jesucristo.
- La primera sección del cuerpo de la carta es de naturaleza teológica y doctrinal (Ef 1.3—3.21). En primer lugar, el apóstol destaca la extensión de la obra redentora de Dios en Cristo y afirma la importancia de la bendición espiritual que proviene del Señor Jesucristo; además, afirma el espíritu de sabiduría de revelación divina que se asocia a la resurrección de los muertos que se hizo realidad en Cristo Jesús.
- La sección segunda de la carta consiste en una serie importante de exhortaciones a vivir de acuerdo con la gracia divina (Ef 4.1—6.20). Una de las recomendaciones apostólicas en este contexto es a guardar la unidad del Espíritu, que ciertamente se genera en un ambiente adecuado de paz. Además, destaca que los dones del Espíritu son varios y siempre deben manifestarse en la iglesia. También, en medio de esas enseñanzas, Pablo afirma la importancia de la renovación continua de los creyentes al abandonar la vida antigua con sus actitudes y acciones, ya que deben manifestar siempre la nueva vida que experimentan en Cristo. Inclusive, la carta explora el tema de los principios éticos, morales y espirituales que deben gobernar cada proceso de decisión en la vida y destaca el tema del Espíritu que produce en la iglesia bondad, justicia y verdad. Finalmente, hay una exhortación apostólica a luchar contra el mal, en la que Pablo utiliza las imágenes relacionadas con la milicia y las armas de la época.

> *Pónganse toda la armadura de Dios para que puedan hacer frente a las artimañas del diablo.*
> *Porque nuestra lucha no es contra seres humanos, sino contra poderes, contra autoridades, contra potestades que*

> *dominan este mundo de tinieblas, contra fuerzas espirituales malignas en las regiones celestiales.*
> *Por lo tanto, pónganse toda la armadura de Dios, para que cuando llegue el día malo puedan resistir hasta el fin con firmeza.*
> *Manténganse firmes, ceñidos con el cinturón de la verdad, protegidos por la coraza de justicia y calzados con la disposición de proclamar el evangelio de la paz.*
> *Además de todo esto, tomen el escudo de la fe, con el cual pueden apagar todas las flechas encendidas del maligno.*
> *Tomen el casco de la salvación y la espada del Espíritu, que es la palabra de Dios.*
> Efesios 6.11-17 NVI

- En el epílogo de la carta (Ef 6.21-24), Pablo agradece la gestión de Tíquico, a quien identifica como hermano amado y ministro en el Señor, y desea a la iglesia paz, amor, fe y gracia, que provienen de Dios Padre y del Señor Jesucristo.

Aunque las fechas y los lugares de redacción de esta carta no se pueden precisar, tradicionalmente se ha pensado que se escribió en Roma, alrededor de los años 60-61 d.C. La carta a los efesios tiene elementos literarios y teológicos en común con la enviada a los colosenses.

Carta a los Filipenses

Filipos era una ciudad muy importante en la estructura comercial y política del Imperio romano, pues comunicaba a Roma y el Asia Menor por la muy famosa "Via Egnatia". Estaba en la frontera entre Macedonia y Tracia, a unos 12 kilómetros del mar Egeo; y desde el año 31 a.C., tenía la categoría de colonia romana, que le brindaba una serie de beneficios políticos, económicos y militares (Hch 16.12). El nombre inicial de Filipos era Krénides, que es una referencia "a las fuentes" de la ciudad, hasta que el rey Filipo II de Macedonia, padre de Alejandro Magno, lo cambió a Filipos.

La carta de Pablo a los filipenses tiene una particularidad personal no muy común en las comunicaciones del apóstol. Además, el contexto emocional de la epístola es de gratitud y felicidad. De la lectura de la epístola vemos el agradecimiento de Pablo a los creyentes de Filipos que lo atendieron y apoyaron en momentos de adversidades; y los filipenses a su vez expresan su gratitud al apóstol, por el ministerio que había realizado en la ciudad y en la iglesia. Y aunque habían pasado varios años desde que el apóstol ministró en persona en la ciudad y su envío de la carta, las relaciones de Pablo con la iglesia en Filipos se habían mantenido cordiales (Fil 1.3-8; 4.1).

> *Doy gracias a mi Dios cada vez que me acuerdo de ustedes. En todas mis oraciones por todos ustedes, siempre oro con alegría, porque han participado en el evangelio desde el primer día hasta ahora.*
> *Estoy convencido de esto: el que comenzó tan buena obra en ustedes la irá perfeccionando hasta el día de Cristo Jesús.*
> *Es justo que yo piense así de todos ustedes porque los llevo en el corazón; pues, ya sea que me encuentre preso o defendiendo y confirmando el evangelio, todos ustedes participan conmigo de la gracia que Dios me ha dado.*
> *Dios es testigo de cuánto los quiero a todos con el entrañable amor de Cristo Jesús.*
> Filipenses 1.3-8 NVI

La llegada inicial de Pablo a la ciudad de Filipos ocurre durante su segundo viaje misionero, luego de recorrer el área que va desde Cilicia hasta Troas, en el Asia Menor (Hch 16.6-40). Desde Troas, Pablo salió con Silas y Timoteo (y quizá también con Lucas) al norte de Grecia, a Neápolis, desde donde prosiguió su peregrinar misionero hasta Filipos. Aunque no estuvo mucho tiempo en la ciudad de Filipos, su visita constituyó una muy buena experiencia misionera porque allí tuvo la oportunidad de fundar la iglesia. Hay que destacar la importancia misionera e histórica que esa iglesia en Filipos es la primera congregación cristiana en Europa. Y los feligreses, que mayormente provenían de religiones paganas, habían aceptado el judaísmo antes de recibir el evangelio de Jesucristo (Hch 16.14-15).

La lectura atenta de la carta revela que, más que una serie ordenada de enseñanzas y afirmaciones teológicas y doctrinales, la comunicación es personal e íntima. El análisis del texto revela un interés pastoral y personal, pues son consejos y recomendaciones prácticas para la vida cristiana y para funcionar bien como congregación cristiana.

La estructura de la epístola es sencilla, y entre el prólogo (Fil 1.1-11), el epílogo (Fil 4.21-23), y el cuerpo de la carta desarrolla tres temas básicos.

- La introducción o prólogo: Filipenses 1.1-11. Además de los saludos apostólicos tradicionales, incluye una oración intensa por los creyentes de Filipos, en la cual se destaca la importancia del amor y la necesidad de ser sinceros e irreprochables para la llegada del día de Cristo.
- El primer tema mayor de la epístola se asocia a la vida cristiana, pues es en este contexto que el apóstol incluye su famosa afirmación teológica:

> *Mi ardiente anhelo y esperanza es que en nada seré avergonzado,*
> *sino que con toda libertad, ya sea que yo viva o muera,*
> *ahora como siempre, Cristo será exaltado en mi cuerpo.*
> *Porque para mí el vivir es Cristo y el morir es ganancia.*
> Filipenses 1.20-21

Además, en esta sección de la carta se incluye el famoso himno cristológico, en el cual Pablo exhorta a los creyentes a tener el mismo sentir que hubo en Cristo Jesús (Fil 2.5-11). También el apóstol afirma que los filipenses deben de ocuparse de su salvación con temor y temblor (Fil 2.12-18).

- En la segunda sección mayor del cuerpo de la carta, Pablo presenta su ministerio (Fil 2.19—3.21). El apóstol menciona su preocupacion por Timoteo que pronto los visitará y que Epafrodito estuvo enfermo, pero que por la gracia y la misericordia de Dios superó su condición adversa de salud. Y es en esta sección de la carta en la que Pablo afirma que sigue avanzando hacia la meta para ganar el premdio que Dios ofrece, que ha sido una de sus expresiones *más* populares y útiles en las predicaciones y enseñanzas cristianas a través de la historia (Fil 3.1-21).
- La sección final de la epístola destaca los temas del gozo y la gratitud (Fil 4.1-20). Aunque el contexto personal de Pablo es el

cautiverio, sus recomendaciones pastorales afirman y destacan la salud mental y espiritual de los creyentes y la libertad que se disfruta en Cristo. Recomienda a los filipenses a considerar bien todo lo verdadero, todo lo respetable, todo lo justo, todo lo puro, todo lo amable y todo lo digno de admiración. Para el sabio apóstol, la paz de Dios se manifiesta en medio del regocijo, los pensamientos buenos y las expresiones de solidaridad, como tambien en las ofrendas y el apoyo a personas en necesidad.

- Al final de la carta (Fil 4.21-23) el apóstol saluda a todos los creyentes, incluyendo a los que estaban al servicio de Roma.

La fecha y lugar de redacción de esta carta, tradicionalmente se ha asociado a su cautiverio en la ciudad de Éfeso, por los años 54-55 d.C. Hay estudiosos, sin embargo, que fundamentados en la referencia al "pretorio" o "la guardia del palacio" (Fil 1.13), piensan que esa es una referencia al palacio imperial en Roma. Si ese fuera el caso, la carta se habría escrito en el corazón del imperio por el año 63 d.C.

Carta a los Colosenses

La ciudad de Colosas estaba ubicada a unos 175 kilómetros de Éfeso, en las orillas del río Lico, que procedía del Meandro, y pertenecía a la provincia romana de Asia. Aunque la información que poseemos de la ciudad no es mucha, sabemos que luego del terremoto devastador del año 61 d.C., perdió su poder económico y vivió un periodo de decadencia comercial continua, hasta que casi desaparecer y perder su importancia regional.

La iglesia en Colosas era importante, aunque no había sido fundada por Pablo, el realizó un ministerio relevante en la ciudad. Los feligreses provenían mayormente del paganismo. El apóstol, en sus viajes por la región de Frigia (Hch 16.6; 18.23), había pasado cerca de Colosas, pero no había tenido la oportunidad de llegar personalmente a esa ciudad. Fue Épafras, que residía en Colosas (Col 4.12), quien posiblemente fundó la congregación en dicha ciudad.

La amistad y colaboración de Pablo y Épafras se evidencia cuando el apóstol lo describe como "siervo de Cristo Jesús" (Col 4.12). Además, hay que destacar que Épafras se asocia con las congregaciones de Laodicea y Hierápolis, muy reconocidas por la comunidad cristiana antigua (Col 2.1; 4.13,15-16; Ap 1.11; 3.14.22).

El entorno temático y teológico de la carta es la preocupación de la iglesia, y también de Pablo, de las doctrinas religiosas que desviaban a los creyentes del fundamento del evangelio de Jesucristo. Esas enseñanzas, tanto paganas como judaizantes, socavaban la fe de los creyentes en Colosas. Esas noticias, que llegabann por de Épafras, alarmaron seriamente a Pablo, que estaba confinado en Roma. Y para responder a esas necesidades congregacionales, el apóstol envía a Tíquico, que era un colaborador muy amado (Col 4.7), para llevar la carta.

Desde la perspectiva pastoral, esta carta revela cómo las actitudes pasadas y los trasfondos culturales y religiosos juegan un papel primordial en el desarrollo de la fe cristiana. Es importante identificar y superar esas convicciones, que procedían del paganismo, y que no estaban en continuidad con los valores y las enseñanzas del evangelio de Jesucristo. Esas tradiciones paganas, unidas a la presión social de la ciudad y a las actitudes de los grupos judaizantes, constituían un desafío extraordinario para los creyentes en la ciudad de Colosas (Col 2.11-13,16).

> *Toda la plenitud de la divinidad habita en forma corporal en Cristo; y en él, que es la cabeza de todo poder y autoridad, ustedes han recibido esa plenitud.*
> *Además, en él fueron circuncidados, no por mano humana, sino con la circuncisión que consiste en despojarse del cuerpo pecaminoso. Esta circuncisión la efectuó Cristo.*
> *Ustedes la recibieron al ser sepultados con él en el bautismo. En él también fueron resucitados mediante la fe en el poder de Dios, quien lo resucitó de entre los muertos.*
> *Antes de recibir esa circuncisión, ustedes estaban muertos en sus pecados. Sin embargo, Dios nos dio vida en unión con Cristo, al perdonarnos todos los pecados y anular la deuda que teníamos pendiente por los requisitos de la ley.*
> *Él anuló esa deuda que nos era adversa, clavándola en la cruz. Desarmó a los poderes y a las potestades y, por medio de Cristo, los humilló en público al exhibirlos en su desfile triunfal.*
> Colosenses 2.9-15 NVI

Una vez más la estructura temática de la carta a los colosenses muestra un patrón definido. Además de la introducción o prólogo (Col 1.1.1-8) y el epílogo o la conclusión (Col 4,7-18), la epístola presenta tres temas de importancia capital para los creyentes: Inicia con la obra redentora de Dios (Col 1.9-23), prosigue con una serie de afirmaciones en torno al ministerio de Pablo (Col 1.24—2.5), e incorpora una declaración final muy importante de la nueva vida en Cristo (Col 2.6—4.6).

- En la introducción, luego de los saludos iniciales del apóstol (Col 1.1-3), se incluye una oración a Dios, para que conceda a los creyentes sabiduría espiritual (Col 1.3-8). Hay que notar que la carta está dirigida no solo a los cristianos en Colosas sino a Timoteo, que era uno de sus más fieles colaboradores.
- La primera sección del cuerpo de la carta incluye las gratitudes que Pablo da al Señor por la fe y la lealtad de los creyentes de Colosas (Col 1.9.23). Además, se incluye un himno de extraordinaria belleza a la soberanía y el poder de Cristo. El cántico afirma la reconciliación que llega a través de la muerte de Cristo, pues el Señor es la imagen del Dios invisible.
- Los argumentos paulinos prosiguen en la segunda sección de la carta, en la cual el apóstol presenta su ministerio (1.24—2.5). Pablo en esta sección presenta el testimonio de su vida, como una especie de credencial que incentiva el reconocimiento de su vocación apostólica y misionera.
- La tercera sección de la epístola constituye una importante afirmación teológica en torno a la nueva vida en Cristo (Col 2.6—4.6). Y entre los argumentos paulinos están los siguientes: La importancia y la necesidad de vivir y disfrutar en plenitud la nueva vida en Cristo, explora las peculiaridades de la vida antigua y la nueva fundamentada en la revelación de Jesucristo, para finalmente exponer las importancias de vivir a la altura de la revelación divina en Cristo Jesús.

> *Quiero que lo sepan para que cobren ánimo, permanezcan unidos por amor, y tengan toda la riqueza que proviene de la convicción y del entendimiento.*
> *Así conocerán el misterio de Dios, es decir, a Cristo, en quien están escondidos todos los tesoros de la sabiduría y del conocimiento.*
> *Digo esto para que nadie los engañe con argumentos capciosos.*
> Colosenses 2.2-4 NVI

- De singular importancia en el epílogo de la carta a los colosenses es el saludo apostólico a un grupo singular y extenso de colaboradores: Tíquico, Onésimo, Aristarco, Marcos (sobrino de Bernabé), Jesús el Justo (de quien no tenemos más información), Epafras, Lucas, Demas, Ninfas y Arquipo. Y en este entorno de saludos, el apóstol alude a su condición de confinado y a la gracia divina.

La relación lingüística y temática de la carta a los colosenses con la de Filemón y también con la de los efesios, puede brindarnos una pista referente a su contexto histórico y su fecha de composición. Tradicionalmente se ha relacionado la comunicación a la iglesia en Colosas con el cautiverio de Pablo en Roma, por los años 60-61 d.C.

Carta a Filemón

De las cartas que se incluyen en el Nuevo Testamento asociadas al apóstol Pablo, la que se envía a Filemón es muy importante. En primer lugar, la carta es corta, clara, directa y con recomendaciones desafiantes en el mundo romano del siglo primero. Es la carta más breve entre la literatura paulina. Y el contexto físico y emocional que mueve al apóstol a escribir esta epístola es la visita de Onésimo, un esclavo prófugo, que solicitó orientación y colaboración del apóstol, mientras Pablo estaba preso.

Pablo le escribe a Filemón, el dueño del esclavo Onésimo, para que reciba nuevamente con respeto y dignidad al esclavo que se había alejado . El apóstol exhorta a Filemón a no tener en cuenta las leyes romanas de la época, que requerían castigos muy serios a los esclavos que se fugaban y que inclusive podían terminar con la muerte. De la lectura de la carta no se conocen las razones de la fuga del esclavo, aunque podemos suponer que conocía personalmente a Pablo, pues quizá se encontraron en alguna reunión en la casa de Filemón, el destinatario de la comunicación.

> *Siempre doy gracias a mi Dios al recordarte en mis oraciones, porque tengo noticias de tu amor y tu fidelidad hacia el Señor Jesús y hacia todos los creyentes.*
> *Pido a Dios que el compañerismo que brota de tu fe sea eficaz para la causa de Cristo mediante el reconocimiento de todo lo bueno que compartimos.*

Hermano, tu amor me ha alegrado y animado mucho porque has reconfortado el corazón de los santos.
Filemón 1.4-7NVI

La carta presenta un trio de personajes singular. Pablo estaba preso; Onésimo era un fugitivo en una sociedad donde la esclavitud era parte de las realidades de la vida; y Filemón era el dueño y señor legal de Onésimo, además de ser líder de una congregación. En medio de esas dinámicas legales, éticas, teológicas y espirituales, Pablo ruega a Filemón que reciba a Onésimo, ya no de acuerdo con las severas leyes romanas de la esclavitud, sino como un hermano querido en la fe, fundamentado en la ley del amor según el evangelio de Jesucristo (vv.15-16). Y en su recomendación, el apóstol destaca que no solo debe recibirlo como un hermano querido, sino como si fuera el apóstol mismo (vv.12,17).

La estructura de la carta es muy sencilla y directa.

- En la introducción o prólogo (vv.1-3), Pablo y Timoteo dedican la carta a Filemón, a Apia (que posiblemente era la esposa de Filemón) y a Arquipo, que era un colega ministerial del apóstol. Y la carta incluye la afirmación de "gracia y paz", que es característica de las comunicaciones de Pablo.
- El contenido de la carta es directo. En primer lugar, Pablo habla muy bien del testimonio de Filemón (vv.4-7). Para el apóstol, Filemón se caracterizaba por el amor y la fe que demostraba en su vida. Y ese buen testimonio era fuente de gozo y consolación para pablo.
- Una vez presenta las bondades de Filemón, el apóstol prosigue con el propósito específico de la carta: interceder por Onésimo. Y el argumento de Pablo es singular pues, aunque reconoce las estructuras romanas legales de la época, también afirma que la solución del conflicto no puede ser el castigo físico que demanda la ley de Roma, sino las demostraciones específicas de amor. Anteriormente, Onésimo era un esclavo más en las operaciones diarias de Filemón, pero ahora, sin embargo, era un hermano en la fe. Las recomendaciones de Pablo incluyenque reciban a Onésimo de forma privilegiada, como si fuera el mismo apóstol, que anhelaba ir a visitarlos.

Además, en su carta, Pablo no solicita a Filemón que libere a Onésimo de la esclavitud ni que lo permita quedarse con el apóstol para apoyarlo. Esa es una decisión que debe tomar Filemón, al sopesar los valores cristianos, las leyes romanas y los principios éticos que provienen de la fe.

- El epílogo o conclusión de la carta sigue el patrón paulino, pues saluda a Epafras, Marcos, Aristarco, Demas y Lucas, a quienes Pablo reconoce como colaboradores.

Por su afinidad teológica y lingüística con la carta a los colosenses, tradicionalmente se ha pensado que la carta se escribió desde Roma por el año 61 d.C.

Cartas pastorales: 1 y 2 Timoteo y Tito

La sección final de las cartas neotestamentarias asociadas a Pablo incluye las epístolas enviadas a Timoteo y a Tito, fieles colaboradores del apóstol en su tarea misionera. La lectura de estas comunicaciones revela que provienen de un período cuando el desarrollo de la fe cristiana en los creyentes y las congregaciones había llegado a un punto de cierta estabilidad teológica y eclesiástica, y se requerían orientaciones y recomendaciones administrativas y pastorales.

Cartas a Timoteo

La amistad entre Pablo y Timoteo se evidencia al descubrir las repetidas ocasiones en las que el apóstol alude a su joven colaborador en sus cartas a las iglesias (Ro 16.21; 1 Co 4.17; 16.10; 2 Co 1.1; Fil 2.19; Col 1.1; 1 Ts 1.1; 3.2,6; 2 Ts 1.1; Fil 1); además, el Libro de los Hechos hace referencia a ese apoyo de manera reiterada (Hch 17.14-15; 18.5; 19.22; 20.4). Y ese apoyo mutuo se confirma, pues Pablo envió dos cartas pastorales a Timoteo.

El primer encuentro entre Pablo y Timoteo se produce en la ciudad de Listra, donde residía el joven de unos veinte años. Timoteo era hijo de una mujer judía convertida al cristianismo (2 Ti 1.5); su padre era de origen griego, su trasfondo era pagano (Hch 16.1). Como resultado de esos diálogos iniciales, Pablo incorporó al joven en el equipo misionero que llevaría el evangelio a Europa. Posteriormente,

Timoteo recibió la responsabilidad de afirmar la sana doctrina en el Asia Menor, para afirmar y mantener la fe en las congregaciones y entre los creyentes.

La finalidad pastoral que Pablo a Timoteo era evitar que las falsas doctrinas diseminadas en la región afectaran adversamente la vida de las comunidades de fe y el crecimiento de las personas seguidoras del evangelio (1 Ti 1.3-4; 4.6, 9, 13, 16; 6.3-5). En el desarrollo de los temas paulinos en la carta, es importante la referencia a los doctores de la Ley, que revela el trabajo que hacían los grupos judaizantes entre las iglesias en el Asia Menor.

> *Al partir para Macedonia, te encargué que permanecieras en Éfeso y ordenaras a algunos supuestos maestros que dejen de enseñar doctrinas falsas y de prestar atención a mitos y genealogías interminables.*
> *Esas cosas provocan controversias en vez de llevar adelante la obra de Dios que es por la fe. Debes hacerlo así para que el amor brote de un corazón limpio, de una buena conciencia y de una fe sincera.*
> *Algunos se han desviado de esa línea de conducta y se han enredado en discusiones inútiles. Pretenden ser maestros de la ley, pero en realidad no saben de qué hablan ni entienden lo que con tanta seguridad afirman.*
> Timoteo 1.3-7 NVI

La lectura atenta de la primera carta a Timoteo revela que el apóstol tiene una muy seria preocupación administrativa y organizacional. Pablo quiere hacer recomendaciones específicas para orientar y bendecir a las personas y a las congregaciones como un todo. Esa es la razón primordial por la cual se incluyen en la epístola recomendaciones según los siguientes temas: la oración de los creyentes y la organización de la iglesia (1 Ti 2.1-15); el fundamento para organizar la iglesia de forma eficaz (1 Ti 3.1-13); las vigilancias necesarias para proteger las congregaciones de las falsas doctrinas y enseñanzas (1 Ti 4.1-5; 6.3-5); y, finalmente, presenta algunas recomendaciones para una eficaz administración congregacional y servir adecuadamente en el ministerio cristiano (1 Ti 3.14-15; 5.1—6.2).

La fecha específica de redacción de esta carta paulina no está definida con claridad; tampoco sabemos con precisión el lugar de redacción. Posiblemente fue escrita en Macedonia, cuando Pablo fue liberado de su primera experiencia de prisión en Roma (Hch 28.16,30-31). Timoteo en este tiempo estaba viviendo en Éfeso (1 Ti 1.3). Y la evaluación de los temas expuestos revela que el contexto histórico de la carta presupone que la vida de las congregaciones ya se había desarrollado desde las perspectivas teológicas, doctrinales, administrativas y pastorales. Quizá la carta proviene de los años 61-63 d.C.

Al leer la primera carta de Pablo a Timoteo, hay que resaltar la estructura de los temas que se exponen. Esa estructura de quiasmo, o en paralelos temáticos, presenta temas semejantes en progresión, y en el centro se destaca el énfasis y la prioridad educativa y teológica de las recomendaciones apostólicas.

Saludos

1. Las falsas doctrinas: 1 Timoteo 1.3-11
2. El ministerio del apóstol: 1.12-20
3. La oración: 2.1-15
4. Los obispos: 3.1-7
5. Los diáconos: 3.8-13

El misterio de la piedad: 1 Timoteo 3.14-16, que constituye el centro teológico y la finalidad educativa del escrito y la esencia de la enseñanza paulina:

> *Aunque espero ir pronto a verte, escribo estas instrucciones para que, si me retraso, sepas cómo hay que portarse en la casa de Dios, que es la iglesia del Dios viviente, columna y fundamento de la verdad.*
> *No hay duda de que es grande el misterio de nuestra fe:*
> *Él se manifestó como hombre; fue vindicado por el Espíritu, visto por los ángeles, proclamado entre las naciones, creído en el mundo, recibido en la gloria.*

1'. La apostasía: 4.1-5
2'. Un buen ministro de Jesucristo: 4.6-16

3'. Deberes hacia la comunidad: 5.1—6.2
4'. La piedad: 6.3-10
5'. La buena batalla de la fe: 6.11-19

Conclusión: Encargo final a Timoteo: 6.20-21

La segunda carta de Pablo a Timoteo proviene de un contexto histórico diferente del apóstol; además, los temas revelan una serie de preocupaciones serias de Pablo en relación con el testimonio adverso de algunos creyentes a la comunidad. Se nota en el escrito un elemento de urgencia, crisis y dramatismo que no se manifiesta en la carta anterior a Timoteo.

Aunque Pablo había pasado unos dos años en la cárcel de Roma, su experiencia tenía elementos que atenuaban su condición, pues le permitía un tipo de confinamiento en el hogar (Hch 28.30). Luego, al ser liberado, prosiguió su tarea misionera, entre otros lugares, en Macedonia, Creta y el Asia Menor. Luego fue apresado nuevamente, pero en esta ocasión las condiciones fueron mucho más estrictas y adversas. Pablo describe su sufrimiento al extremo de llevar cadenas como un criminal (2 Ti 2.9). Sabía que su futuro inmediato no era el mejor: iba a ser sacrificado, pues el tiempo de su partida había llegado (2 Ti 2.4-6).

A esas realidades físicas adversas de cautiverio, debemos añadir una preocupación espiritual por el mal testimonio que daban algunos creyentes, como Demas y Alejandro, y porque otros colegas lo habían dejado solo en momentos de angustia máxima (2 Ti 4.16). A esas inquietudes espirituales y emocionales, podemos añadir las dificultades de salud que se habían incrementado en la cárcel y la falta de abrigos adecuados para protegerse del frío (2 Ti 4.13). ¡A su lado estaba únicamente Lucas! (2 Ti 4.11), pues sus otros colaboradores no estaban en Roma. Y en ese contexto de dolor, preocupacion, enfermedad y soledad, el apóstol pide a su discípulo y colega que llegue pronto a visitarlo, inclusive, pide que sea antes del invierno (2 Ti 4.9, 21).

Esta carta a Timoteo es posiblemente la última de Pablo y ciertamente representa como una especie de testamento espiritual. De vital importancia para el apóstol es exhortar a Timoteo a ser fiel a Dios y de no avergonzarse del evangelio (2 Ti 1.6—2.13). Además, lo motiva a predicar, amonestar y corregir a los creyentes, y que esté dispuesto a enfrentar las adversidades y los desafíos que llegan como resultado de su gestión misionera. También, en las recomendaciones apostólicas, Pablo alude a las conductas impropias de creyentes, que pueden afectar adversamente la vida de las congregaciones, pues, aunque tengan apariencia de piedad, apartan a la gente de fe de la verdad del evangelio (2 Ti 3.5,8; 4.4).

Para concluir sus recomendaciones pastorales, Pablo introduce un tema de importancia personal. Ya pablo preveía el final de su apostolado y de su vida (2 Ti 4.6-8), y en ese entorno emocional, recomienda a Timoteo que cumpla responsablemente con la encomienda divina que había recibido. Y entre esas responsabilidades están cumplir su ministerio, que incluye: avivar la llama del don de Dios, fortalecerse por la gracia de Cristo Jesús, y dedicarse a la evangelización (2 Ti 1.6; 2.1; 4.5).

> *Traigo a la memoria tu fe sincera, la cual animó primero a tu abuela Loida, a tu madre Eunice, y ahora te anima a ti. De eso estoy convencido.*
> *Por eso te recomiendo que avives la llama del don de Dios que recibiste cuando te impuse las manos.*
> *Pues Dios no nos ha dado un espíritu de timidez, sino de poder, de amor y de dominio propio.*
> 2 Timoteo 1.5-7 NVI

La estructura temática de la carta es sencilla:

- Saludos e introducción: 2 Timoteo 1.1-2
- Testificar de Cristo: 1.3-18
- Un buen soldado de Jesucristo: 2.1-13
- Un obrero aprobado: 2.14-26
- Carácter de las personas en los días finales: 3.1-17
- Predicar la palabra de Dios: 4.1-8
- Instrucciones personales: 4.9-18
- Saludos finales y bendición: 4.19-22

Por los temas expuestos y el contexto personal y emocional que destaca la carta, su redacción debe haber sido por los años 66 y 67 d.C., en tiempos del emperador Nerón. Y las referencias a la cárcel deben ser a su confinamiento final en Roma (2 Ti 1.8,16-17; 2.9).

Carta a Tito

Tito era un fiel colaborador de Pablo, desde que se convirtió al evangelio por la predicación del apóstol en Antioquía de Siria. Y, aunque en el Libro de los Hechos no se le menciona, lo que sabemos de su vida y ministerio proviene de la lectura de las cartas de Pablo (2 Co 2.13; 7.6-7,13-14; 8.6,16, 23; 12.18; Gá 2.1,3; 2 Ti 4.10). Posiblemente acompañó a Pablo en la asamblea o concilio de Jerusalén (Hch 15.4-29; Gá 2.1), y representó la postura teológica y pastoral del apóstol, de no exigir a los gentiles hacerse judíos antes de proceder al evangelio de Jesucristo.

Las responsabilidades que Pablo delegó en Tito revelan la confianza que el apóstol le tenía, además de destacar sus capacidades pastorales y administrativas. Pablo pidió a Tito que fuera a poner orden en la iglesia de Corinto (2 Co 2.13; 7.6-7,13-14; 8.6,16, 23; 12.18), además de organizar la congregación en Creta (Tit 1.5) y visitar Dalmacia (2 Ti 4.10). Inclusive, como Pablo pensaba pasar un invierno en Nicópolis, pidió a Tito que lo visitara (Tit 3.12). En efecto, Tito era un hombre de confianza del apóstol Pablo.

Te dejé en Creta para que pusieras en orden
lo que quedaba por hacer
y en cada pueblo nombraras ancianos de la iglesia,
de acuerdo con las instrucciones que te di.
El anciano debe ser intachable,
esposo de una sola mujer; sus hijos deben ser creyentes,
libres de sospecha de libertinaje o de desobediencia.
El obispo tiene a su cargo la obra de Dios,
y por lo tanto, debe ser intachable:
no arrogante, ni iracundo, ni borracho, ni violento,
ni codicioso de ganancias mal habidas.
Al contrario, debe ser hospitalario, amigo del bien,
sensato, justo, santo y disciplinado.
Debe apegarse a la palabra fiel, según la enseñanza que

recibió, de modo que también pueda exhortar a otros con la sana doctrina y refutar a los que se opongan.
Tito 1.5-9 NVI

La carta a Tito es breve, clara y directa, y tiene un énfasis doctrinal. La lectura atenta de la epístola revela continuidad temática y teológica con la primera carta de Pablo a Timoteo. Luego de los saludos protocolares del apóstol (Tit 1.1-4), el primer tema de importancia se relaciona con el liderato de la iglesia. En primer lugar, Pablo destaca los requisitos necesarios para servir como ancianos y obispos en las congregaciones (Tit 1.16). Además, presenta a Tito los temas que debe enfatizar en sus enseñanzas (Tit 2.1-15), y es en ese contexto que el apóstol recalca la importancia de la sana doctrina.

La reiteración de estos temas doctrinales en las comunicaciones del apóstol, indica que las dificultades doctrinales, especialmente los conflictos con grupos judaizantes, constituían uno de los desafíos mayores de las comunidades de fe. Y las recomendaciones del apóstol es mantenerse fiel a la palabra para refutar esas malas enseñanzas y poder distinguir esos falsos maestros.

En sus consejos a Tito, Pablo indica con claridad que los líderes deben ser intachables, sensatos, justo, santo y disciplinado. El apóstol rechaza las falsas enseñanzas y actitudes de algunos grupos judaizantes de la isla de Creta (Tit 1.5-11). Los cretenses tenian muy mala fama, que hasta en la poesía griega se aludía a ellos como mentirosos, malas bestias, glotones hy perezosos.

Posteriormente, el apóstol cambia el tono de sus recomendaciones, pues desarrolla temas de naturaleza pastoral y teológica. Y entre esos temas están los siguientes: la justificación y la salvación que se fundamentan en la gracia de Dios y las acciones del Espíritu Santo, que son elementos indispensables para la administración de la congregación y la edificación espiritual de los creyentes (Tit 3.1-3,8-11).

Las instrucciones finales y la bendición apostólica aluden a Artemas –que solo aquí es mencionado en todo el Nuevo Testamento--, Tíquico (Hch 20.4; Ef 6.21-22; Col 4.7-8; 2 Ti 4.12), Zenas –solo aquí se le menciona en el Nuevo Testamento– y Apolos (Hch 18.24; 1 Co 3.5-6; 16.12; Tit 3.12-15).

La estructura de la carta es la siguiente:

- Saludos: 1.1-4
- Requisitos de ancianos y obispos: 1.5-16
- La sana doctrina: 2.1-15
- Justificación por la gracia: 3.1-11
- Instrucciones personales a colaboradores: 3.12-14
- Saludos finales y bendición: 3.15

La fecha y el lugar de redacción de la carta a Tito tradicionalmente se ha pensado que se escribió cuando Pablo estaba en Macedonia, antes de su último encarcelamiento en Roma, entre los años 63-67 d.C.

> *Tú, en cambio, predica lo que está de acuerdo con la sana doctrina.*
> *A los ancianos, enséñales que sean moderados, respetables, sensatos, e íntegros en la fe, en el amor y en la constancia.*
> *A las ancianas, enséñales que sean reverentes en su conducta,*
> *y no calumniadoras ni adictas al mucho vino.*
> *Deben enseñar lo bueno y aconsejar a las jóvenes*
> *a amar a sus esposos y a sus hijos,*
> *a ser sensatas y puras, cuidadosas del hogar,*
> *bondadosas y sumisas a sus esposos,*
> *para que no se hable mal de la palabra de Dios.*
> *A los jóvenes, exhórtalos a ser sensatos.*
> *Con tus buenas obras, dales tú mismo ejemplo en todo.*
> *Cuando enseñes, hazlo con integridad y seriedad,*
> *y con un mensaje sano e intachable.*
> *Así se avergonzará cualquiera que se oponga,*
> *pues no podrá decir nada malo de nosotros.*
> *Enseña a los esclavos a someterse en todo a sus amos,*
> *a procurar agradarles y a no ser respondones.*
> *No deben robarles, sino demostrar que son dignos de toda confianza, para que en todo hagan honor*
> *a la enseñanza de Dios nuestro Salvador.*
> Tito 2.1-9 NVI

Capítulo 6:

TEOLOGÍA DEL APÓSTOL PABLO

En consecuencia, ya que hemos sido justificados mediante la fe, tenemos paz con Dios por medio de nuestro Señor Jesucristo.
También por medio de él, y mediante la fe, tenemos acceso a esta gracia en la cual nos mantenemos firmes.
Así que nos regocijamos en la esperanza de alcanzar la gloria de Dios.
Y no solo en esto, sino también en nuestros sufrimientos, porque sabemos que el sufrimiento produce perseverancia;la perseverancia, entereza de carácter; la entereza de carácter, esperanza.
Y esta esperanza no nos defrauda, porque Dios ha derramado su amor en nuestro corazón por el Espíritu Santo que nos ha dado.
Romanos 5.1-5

Trasfondo teológico de Pablo

Cuando Saulo recibe la revelación divina camino a Damasco, tenía conciencia de Dios por su trasfondo judío y por sus experiencias educativas en Tarso, su ciudad de origen, y en Jerusalén, que constituía el centro del judaísmo. En ese entorno religioso y de revelación divina, el futuro apóstol a los gentiles se siente impactado por la voz de Cristo que pregunta, ¿por qué me persigues? Ya en ese momento histórico, Saulo conocía la Ley de Moisés y las tradiciones rabínicas asociadas a la historia del pueblo de Israel. Inclusive, antes de Pablo conocer a Ananías (Hch 9.10), había leído la Biblia en hebreo y griego, y sabía que contenía afirmaciones teológicas, como que el Dios bíblico, entre otros atributos, es creador, liberador y santo.

Ese contexto judío es importante para estudiar y comprender la teología del apóstol, aunque también se vio muy seriamente influenciado por el mundo del Imperio romano y por la filosofía griega. Sin embargo, el estudio de la teología paulina en las cartas, son afirmaciones de su experiencia y sus reflexiones en torno a la revelación que recibió de Jesucristo. La teología básica de Pablo manifiesta su experiencia con el Cristo resucitado, junto a sus lecturas bíblicas, sus evaluaciones críticas de las tradiciones judías primordialmente asociadas a los fariseos, sus vivencias en la sociedad administrada por el Imperio romano, y sus estudios de las filosofías griegas. Y en medio de ese amplio mundo teológico, político y social, el apóstol desarrolla su nueva teología cristiana, que fue el motivo de sus viajes misioneros, la base de sus decisiones a nivel personal y vocacional, y el marco amplio de referencia de sus enseñanzas en las congregaciones.

Nuestro acercamiento a la teología paulina no va a seguir las categorías sistemáticas tradicionales –p.ej., Dios, Israel, salvación, Mesías. Sin embargo, se fundamentará en las afirmaciones teológicas del apóstol en sus cartas apostólicas a las iglesias. Nuestro análisis nace y se fundamenta en las enseñanzas directas de Pablo a las comunidades de fe. Y esa teología paulina está íntimamente ligada a su experiencia de transformación, cuando iba camino a Damasco para llevarse preso a todos los creyentes pertenecientes al Camino.

La revelación camino a Damasco

A partir de su experiencia de camino a Damasco, y sus reflexiones posteriores, la teología de Pablo creció a la luz de su fe en Jesucristo resucitado. Pablo afirma que vio al Señor, que es un elemento característico en las narraciones de las vocaciones de los profetas (Is 6.1-13). La revelación a Saulo produjo una transformación extraordinaria, de judío fariseo celoso de la Ley y su cumplimiento, a seguidor del predicador galileo, apóstol a los gentiles y el primer teólogo cristiano.

> *Ustedes ya están enterados de mi conducta*
> *cuando pertenecía al judaísmo, de la furia con que perseguía*
> *a la iglesia de Dios, tratando de destruirla.*
> *En la práctica del judaísmo, yo aventajaba a muchos de*
> *mis contemporáneos en mi celo exagerado por las tradiciones*
> *de mis antepasados.*
> *Sin embargo, Dios me había apartado desde el vientre de*
> *mi madre y me llamó por su gracia.*
> *Y, cuando él tuvo a bien revelarme a su Hijo para que*
> *yo lo predicara entre los gentiles, no consulté con nadie.*
> *Tampoco subí a Jerusalén para ver a los que eran apóstoles*
> *antes que yo, sino que fui de inmediato a Arabia,*
> *de donde luego regresé a Damasco.*
> Gálatas 1.13-17 NVI

De estas afirmaciones teológicas del apóstol a la comunidad de fe en Galacia, se deducen las siguientes enseñanzas:

- La conducta de Pablo, antes de proceder a la fe cristiana, era de conocimiento público: perseguidor de la iglesia y procuraba apresar a los del Camino y finalizar con el movimiento de seguidores del rabino galileo, Jesús.
- En su tradición religiosa judía, Saulo era un estudiante avanzado, pues manifestaba un celo exagerado por hacer cumplir las tradiciones rabínicas y la observancia de la Ley.
- Dios, sin embargo, no tomó en cuenta esas realidades, y fundamentado en su gracia maravillosa y su gran misericordia lo apartó desde antes de nacer y lo llamó.
- La revelación divina a Saulo fue para mostrarle al Hijo de Dios, además de comisionarlo como apóstol y predicador del evangelio en las comunidades no-judías.
- Y como respuesta a la revelación de Dios, de acuerdo con el texto de la carta, Pablo no consultó con nadie sino que fue inmediatamente a Arabia.

Una lectura atenta de las revelaciones de Cristo a los testigos de la resurrección (Hch 1.22) y a Pablo es que la primera se realiza antes del Día de Pentecostés, y la segunda luego del derramamiento del

Espíritu a los creyentes en Jerusalén. Y esa revelación extraordinaria ubicó a Pablo en el nivel que tenían los tradicionales doce discípulos y apóstoles de Jesús. Posteriormente, cuando reflexionaba sobre las implicaciones teológicas y educativas de esa experiencia transformadora, indica que esa revelación fue la que lo movió e impulsó para ser un predicador del evangelio (Fil 3.12).

Para el apóstol Pablo, la revelación divina de camino a Damasco fue una especie de acto divino de creación, pues afirma a los corintios:

> *El dios de este mundo ha cegado la mente de estos incrédulos, para que no vean la luz del glorioso evangelio de Cristo, el cual es la imagen de Dios.*
> *No nos predicamos a nosotros mismos, sino a Jesucristo como Señor; nosotros no somos más que servidores de ustedes por causa de Jesús.*
> *Porque Dios, que ordenó: que la luz resplandeciera en las tinieblas, hizo brillar su luz en nuestro corazón para que conociéramos la gloria de Dios que resplandece en el rostro de Jesucristo.*
> 2 Corintios 4.4-6 NVI

En su enseñanza apostólica, Pablo indica que el dios de este mundo, en una referencia a los ídolos de las naciones paganas, ha cerrado los ojos a los incrédulos, para que no entiendan que el evangelio que predica proviene de Cristo, que es la imagen de Dios. La predicación cristiana no es para afirmar las virtudes de los creyentes sino para anunciar a Jesucristo como el Señor. Para el apóstol, el Dios que creó la luz (Gn 1.3), al principio de los tiempos y la historia, posteriormente reveló su luz en los corazones humanos, para que la gente pudiera conocer la gloria divina que se evidencia en el rostro de Jesucristo. Es una gran afirmación cristológica que se fundamenta en la teología judía tradicional del Dios creador de los cielos y la tierra.

La gracia de Cristo, que se manifestó en la revelación transformadora a Saulo de Tarso, movió al futuro apóstol a predicar el evangelio tan pronto fue liberado por la oración de Ananías. Y esa extraordinaria manifestación de poder divino hizo que Pablo confesara públicamente, juntamente con las iglesias incipientes, que Jesucristo es el Señor (Ro 10.9; 1 Co 12.12; Fil 2.11). Con el tiempo, Pablo relaciona esa experiencia fundamental en su vida como "el misterio de Cristo" (Ef 3.4), que es una manera de destacar el elemento extraordinario y sobrenatural de la revelación divina que recibió cuando perseguía a los creyentes.

> *¿Qué afirma entonces? «La palabra está cerca de ti;*
> *la tienes en la boca y en el corazón».*
> *Esta es la palabra de fe que predicamos:*
> *que si confiesas con tu boca que Jesús es el Señor*
> *y crees en tu corazón que Dios lo levantó de entre los muertos,*
> *serás salvo. Porque con el corazón se cree para ser justificado,*
> *pero con la boca se confiesa para ser salvo.*
> Carta a los Romanos 10.8-10 NVI

La revelación inicial a Saulo (Gá 1.16) dejó huellas permanentes en la vida y el pensamiento del futuro apóstol. En primer lugar, el Dios que se le reveló es el mismo Dios de la Biblia hebrea con el cual él ya estaba familiarizado. Quien afirmó "yo soy el Señor a quien tú persigues" es el Hijo de Dios y el Mesías prometido a los profetas judíos. Pablo no dejó de ser judío, sino entendió que Jesús de Nazaret era el cumplimiento de las aspiraciones mesiánicas del pueblo.

No debemos obviar, al estudiar la teología de Pablo, que la visión del Cristo resucitado dio al futuro apóstol el valor salvador extraordinario de la muerte y resurrección de Cristo. Como fariseo tradicional y celoso, Saulo esperaba la llegada del Mesías judío, pero no como presentan los evangelios la muerte de Jesús. Para la comunidad judía, una persona crucificada era maldita (Dt 21.22-23), y esa comprensión de la Ley mosaica era un impedimento muy serio para que Saulo pudiera aceptar el mesianismo de Jesús.

No obstante, luego de la revelación de camino a Damasco, surge en Pablo una comprensión más amplia y nueva de Jesucristo, pues era el Ungido y Mesías enviado por Dios para morir por nuestros pecados y librarnos de la muerte eterna. Además, en ese nuevo entendimiento teológico, el Mesías resucitó para brindar la justificación necesaria para la salvación eterna (Ro 4.25).

La cruz, que tradicionalmente era símbolo de escándalo, muerte y maldición en la teología rabínica, en el pensamiento paulino se transformó en fuente de bendición, poder y sabiduría divina (1 Co

1.18-25). Y por esas transformaciones espirituales y teológicas, Pablo presentaba el mensaje de la cruz como fuente de vida y esperanza. Y anunciaba al crucificado y resucitado como el Mesías de Dios y como el Señor Jesucristo. En efecto, la sabiduría divina supera los parámetros humanos y evidencia su autoridad y poder.

> *El mensaje de la cruz es una locura para los que se pierden; en cambio, para los que se salvan, es decir, para nosotros, este mensaje es el poder de Dios.*
> *Pues está escrito: «Destruiré la sabiduría de los sabios; frustraré la inteligencia de los inteligentes».*
> *¿Dónde está el sabio? ¿Dónde el erudito?*
> *¿Dónde el filósofo de esta época?*
> *¿No ha convertido Dios en locura la sabiduría de este mundo?*
> *Ya que Dios, en su sabio designio, dispuso que el mundo no lo conociera mediante la sabiduría humana, tuvo a bien salvar, mediante la locura de la predicación, a los que creen.*
> *Los judíos piden señales y los que no son judíos buscan sabiduría, mientras que nosotros predicamos a Cristo crucificado.*
> *Este mensaje es motivo de tropiezo para los judíos, y es locura para los gentiles, pero para los que Dios ha llamado, los mismo judíos que gentiles, Cristo es el poder de Dios y la sabiduría de Dios.*
> *Pues la locura de Dios es más sabia que la sabiduría humana, y la debilidad de Dios es más fuerte que la fuerza humana.*
> 1 Corintios 1.18-24 NVI

Las transformaciones que vivió Pablo en su encuentro con el Cristo resucitado llegaron, además, a las revelaciones directas (Gá 1.11, 15-17; 2.6). Y una de esas revelaciones se relaciona con la Cena del Señor, que era un evento transcendental en las iglesias incipientes.

Según la enseñanza a la iglesia en Corinto, el Señor mismo le había revelado a Pablo lo que sucedió en la celebración original en el Aposento Alto en Jerusalén. La noche en que el Señor fue traicionado, celebró la cena pascual con sus seguidores más cercanos. En esa singular ocasión, sin embargo, la celebración solemne no aludía a la liberación de los israelitas del cautiverio de Egipto. Ese fue el contexto para la declaración oficial de un nuevo pacto, que se asociaba al cuerpo y la sangre del Señor, en alusión a su muerte, resurrección y posterior retorno. Y esa extraordinaria revelación, el apóstol la había recibido directamente del Señor.

> *Yo recibí del Señor lo mismo que les transmití a ustedes:*
> *Que el Señor Jesús, la noche en que fue traicionado, tomó pan,*
> *y después de dar gracias, lo partió y dijo:*
> *«Este pan es mi cuerpo, que por ustedes entrego;*
> *hagan esto en memoria de mí».*
> *De la misma manera, después de cenar tomó la copa y dijo:*
> *«Esta copa es el nuevo pacto en mi sangre;*
> *hagan esto cada vez que beban de ella en memoria de mí».*
> *Porque cada vez que comen este pan y beben de esta copa,*
> *proclaman la muerte del Señor hasta que él venga.*
> 1 Corintios 11.23-26 NVI

Pablo en diálogo con las comunidades cristianas primitivas

El conocimiento de la fe cristiana en Pablo, en efecto, se fundamenta en la revelación transformadora inicial camino a Damasco. Sin embargo, esa revelación extraordinaria no fue la única fuente de conocimiento del apóstol referente a la fe cristiana y las actividades de Jesús durante su ministerio terrenal. De la lectura de sus cartas se evidencia sus contactos directos con las diversas tradiciones cristianas, mientras cumplía su tarea misionera y apostólica.

Pablo recibió de diferentes comunidades cristianas referencias y citas de la liturgia o de algunas formas del culto cristiano primitivo, los himnos cristológicos, las confesiones de fe, y los mensajes y enseñanzas. Se pueden identificar en sus epístolas fragmentos de las predicaciones básicas de las incipientes comunidades de fe (1 Ts 1.10; Gá 1.3-4; 1 Co 15.2-7; Ro 1.2-4; 2.16; 8.34; 10.8-9).

También se descubren en la literatura paulina referencias y elementos de las formas eucarísticas (1 Co 11.23-25) y a oraciones antiguas (p.ej., amén: 1 Ts 3.13; Gá 6.18; 1 Co 14.16; 2 Co 1.20. Maranatha: 1 Co 16.22. Abba Padre: Gá 4.6; Ro 8.15. Doxologías: Gá 1.5; Fil 4.20; Ro 11.36; Ef 6.21). Inclusive, al estudiar sus cartas se descubren algunas fórmulas de confesión cristológicas (Jesús es el Señor: 1 Co 12.13; Ro 10.9. Jesús es el Cristo: 1 Co 3.11). Además, el mismo apóstol en ocasiones alude a alguna enseñanza que ha recibido de las diversas comunidades de fe (1 Ts 2.15; 3.6; 1 Co 15.1, 3; 1 Ts 2.13; Gá 1.9, 12; Fil 4.9; Ro 6.17).

Un componente importante de las influencias de las iglesias antiguas al pensamiento de Pablo es su conocimiento de la vida, las acciones y las enseñanzas de Jesús. Del análisis histórico de la vida del apóstol y del conocimiento de las fechas del ministerio de Jesús en Jerusalén, no se puede asegurar que el apóstol hubiera conocido al Señor personalmente. Además, los evangelios canónicos se escribieron luego que Pablo realizó su ministerio epistolar, que demuestra que no tuvo acceso a los libros de Mateo, Marcos, Lucas y Juan.

El énfasis del apóstol a los temas de la crucifixión, muerte y resurrección de Cristo proviene de sus reflexiones pertinentes a la información que ha recibido de otros creyentes e iglesias sobre las actividades de Jesús en su ministerio terrenal. Esas reflexiones y afirmaciones no solo tienen importancias pastorales, pedagógicas y teológicas inmediatas, sino también escatológicas. Y aunque Pablo cita algunos dichos antiguos de Jesús (1 Ts 4.2, 15; 1 Co 7.10; 9.14; 13.2; Ro 12.14; 13.9; 16.19), su propósito es afirmar al Cristo exaltado por Dios, destacar el poder salvador del Señor, y enfatizar la autoridad de la expresión, "Jesucristo es el Señor".

Las referencias del apóstol Pablo a la vida de Jesús en la región de la Galilea y en la ciudad de Jerusalén, no son muchas. El objetivo paulino es más evangelizador y educativo, pues desea destacar el poder redentor del Cristo resucitado, que fue traicionado (1 Co 11.23), instituyó la eucaristía o cena del Señor (1 Co 11.23), sufrió las angustias de ser crucificado (Gá 2.20; 3.1; Fil 2.5; 1 Co 2.8), murió (1 Co15.3) fue sepultado (1 Co 15.4), resucitó (1 Co 15.4) y subió a los cielos (Ef 4.9). También el apóstol alude al testimonio del Señor ante las autoridades romanas, como Pilato (1 Ti 6.13). Y ese conocimiento paulino de la vida y enseñanzas de Jesús, se utiliza en medio de afirmaciones teológicas o como parte de las enseñanzas apostólicas.

Las experiencias apostólicas y misioneras de Pablo

Al explorar el tema del diálogo de Pablo con las diversas comunidades de fe antiguas en Asia y Europa, no podemos ignorar que los diálogos francos e intensos constituyen buenos referentes educativos. Diálogos que ciertamente motivan a ponderar posturas teológicas y revisar metodologías de comunicación. El encuentro del apóstol con las diversas comunidades de fe, tanto judías como griegas, seguramente han desafiado y refinado las reflexiones básicas del apóstol. Es de esperar, que el choque de las predicaciones y las enseñanzas de Pablo con los problemas de las diversas iglesias, hayan motivado respuestas específicas e interrogantes, que deben, a su vez, haber afectado directamente e indirectamente la teología y la pedagogía del apóstol.

Un buen ejemplo de cómo las dinámicas en las iglesias locales expandieron los horizontes teológicos de Pablo es revisar la predicación del evangelio únicamente a las comunidades judías. Una lectura de las primeras cartas de Pablo revela que el apóstol daba a las comunidades judías alta prioridad en sus predicaciones, enseñanzas y viajes misioneros. El rechazo constante y violento de esas comunidades de fe al ministerio y las doctrinas de Pablo, provocó un cambio importante en sus reflexiones teológicas.

La aceptación del evangelio que se produjo entre los diversos grupos gentiles preparó el camino para la asamblea o concilio en Jerusalén y para la identificación de lo necesario para la salvación de los grupos no-judíos. Y ese cambio de tono y énfasis teológico en Pablo se revela al leer las llamadas cartas desde la prisión, en las cuales el apóstol destaca la apertura del evangelio y la revelación de Dios al mundo gentil.

La siguiente afirmación apostólica es digna de mencionar, referente a la apertura del apóstol para que el evangelio llegue a las naciones. Pablo, que se considera el más insignificante de todos los creyentes, recibió la encomienda de predicar el evangelio y las riquezas de Cristo a todas las naciones, pues era parte del plan divino, que estaba oculto en Dios, creador de todas las cosas.

> *De este evangelio llegué a ser servidor.*
> *Este fue el regalo que Dios me dio por su gracia, conforme a su poder eficaz.*
> *Aunque soy el más insignificante de todos los santos, recibí esta gracia de predicar a las naciones las incalculables riquezas de Cristo y de hacer entender a todos la realización del plan de Dios, el misterio que desde los tiempos eternos*

se mantuvo oculto en Dios, creador de todas las cosas.
El fin de todo esto es que la sabiduría de Dios, en toda su diversidad, se dé a conocer ahora, por medio de la iglesia, a los poderes y autoridades en las regiones celestiales, conforme a su eterno propósito realizado en Cristo Jesús nuestro Señor.
En él, mediante la fe, disfrutamos de libertad y confianza para acercarnos a Dios.
Así que les pido que no se desanimen a causa de lo que sufro por ustedes, ya que estos sufrimientos míos son para ustedes un honor.
Efesios 3.7-13 NVI

Cristo en la teología de Pablo

Al estudiar los escritos paulinos se descubre que el concepto fundamental de la teología del apóstol es Cristo. La comprensión de la naturaleza salvadora de Jesucristo como Señor y salvador es, en efecto, la base para su desarrollo teológico. Esta importante afirmación se destaca en varias de sus enseñanzas a las iglesias (1 Co 1.21-25; Ro 1.16; 2 Co 4.4). El camino hacia la salvación no es la inteligencia humana, aunque los judíos pidan señales y los gentiles sabiduría, sino la predicación del Cristo crucificado.

Ya que Dios, en su sabio designio, dispuso que el mundo no lo conociera mediante la sabiduría humana, tuvo a bien salvar, mediante la locura de la predicación, a los que creen.
Los judíos piden señales milagrosas y los gentiles buscan sabiduría, mientras que nosotros predicamos a Cristo crucificado.
Este mensaje es motivo de tropiezo para los judíos y es locura para los gentiles, pero para los que Dios ha llamado, lo mismo judíos que gentiles, Cristo es el poder de Dios y la sabiduría de Dios.
Pues la locura de Dios es más sabia que la sabiduría humana y la debilidad de Dios es más fuerte que la fuerza humana.
1 Corintios 1.21-25 NVI

La enseñanza del apóstol a la iglesia de los corintios es de suma importancia para comprender su teología. La salvación que Dios brinda a la humanidad no se fundamenta en las peticiones o los caprichos de las personas, sino en el designio divino. Esa manifestación de la voluntad divina, que puede parecer locura a la gente, es poder y sabiduría de Dios. Y el apóstol añade que las llamadas "locura" y "debilidad" de Dios son más sabias que las sabidurías humanas y más fuertes que las fortalezas de las personas. En efecto, para Pablo, el fundamento indispensable para comprender, explicar y aplicar su teología es Cristo.

Al estudiar estos conceptos de salvación de Pablo se descubre que el apóstol enfatiza al Cristo crucificado. Está muy interesado el apóstol en los resultados transformadores del encuentro con el Cristo glorificado que se le reveló cuando perseguía a los creyentes en Jerusalén y Damasco. Y también es a los corintios que Pablo afirma:

> *Pero gracias a él ustedes están unidos a Cristo Jesús, a quien Dios ha hecho nuestra sabiduría, es decir, nuestra justificación, santificación y redención; para que, como está escrito: «Si alguien ha de gloriarse que se gloríe en el Señor».*
> 1 Corintios 1.30-31 NVI

El evangelio de Pablo

La palabra griega *euaggelion* alude a las buenas noticias asociadas a los mensajes, las enseñanzas, los milagros, la muerte y la resurrección extraordinaria de Cristo. El contexto general del término y su uso común es eminentemente cristiano, pues destaca la afirmación y proclamación de las actividades redentoras de Jesucristo en medio de las realidades históricas del primer siglo d.C. Y es Pablo quien más utiliza la expresión de los escritores del Nuevo Testamento.

Las enseñanzas del evangelio que se presentan en los escritos paulinos no son narraciones de las actividades diarias de Jesús en su ministerio terrenal, como sucede en los cuatro evangelios canónicos. El enfoque de Pablo es más teológico. Aunque la metodología puede variar respecto a cómo los evangelios neotestamentarios presentan las buenas noticias en torno a Jesús, el apóstol no anuncia otro evangelio. Inclusive, Pablo afirma de manera ferviente que hay un solo evangelio, el de Jesucristo (Gá 1.8). El verdadero evangelio es Jesucristo, que también identifica como el evangelio de Dios (1 Ts 2.1, 8, 9; Ro 1.1), pues fue dado a la humanidad y al apóstol por el mismo Señor (1 Ts 2.4).

Las formas de presentar "mi evangelio" (Ro 2.16; 16.25) o "nuestro evangelio" (1 Ts 1.5; 2 Ts 2.14; 2 Co 4.3) revelan la conciencia teológica más íntima del apóstol que había recibido por revelación directa del Cristo resucitado y glorificado. Pablo está consiente de esa singular encomienda divina, en la tradición de los antiguos profetas de Israel (Is 49.11; Jer 1.5), desde antes de nacer (Gá 1.15; Ro 1.1; 1 Co 1.17). Y fundamentado en esa revelación divina inicial, Pablo comprendió que debía dedicarse a la predicación del evangelio. La necesidad servir a Dios vino como una respuesta personal y en agradecimiento por la manifestación especial de la misericordia divina.

Con esas percepciones a nivel teológico y vocacional, Pablo no se avergonzó nunca del evangelio (Ro 1.16), pues era la demostración clara del poder de Dios. Y la fortaleza que le brindaban esas comprensiones del evangelio, permitió al apóstol enfrentar difíciles adversidades, inclusive persecuciones, amenazas de muerte y cárceles.

En varias ocasiones, Pablo utiliza la palabra "evangelio" con la acción de presentar las buenas noticias en torno a Jesucristo a las diversas comunidades judías y gentiles (Fil 4.3, 15; 1 Co 9.14b-18b; 2 Co 2.12; 8.18). Mayormente la expresión se asocia con el contenido del mensaje y la predicación apostólica. El "evangelio" es lo que el apóstol predica, enseña, proclama y anuncia, que se transmite con las siguientes expresiones: el "evangelio de Cristo" (1 Ts 3.2; Gá 1.7; Fil 1.27), "el evangelio de nuestro Señor Jesucristo" (1 Ts 1.8) o "el evangelio de su Hijo" (Ro 1.9). Para Pablo, en efecto, Jesús es el origen de la buena noticia (2 Co 5.20; Ro 15.18), además de ser el objetivo indiscutible de la predicación (2 Co 1.20; 4.4, 5).

Por esas razones teológicas Pablo afirma:

> *El dios de este mundo ha cegado la mente de estos incrédulos,*
> *para que no vean la luz del glorioso evangelio de Cristo,*
> *el cual es la imagen de Dios.*
> *No nos predicamos a nosotros mismos, sino a Jesucristo*
> *como Señor; nosotros no somos más que servidores de ustedes*
> *por causa de Jesús.*
> 2 Corintios 4.4-5 NVI

En la predicación del evangelio, el apóstol destaca la misión del Señor Jesucristo, que es morir por los pecados de la humanidad. Ese acto divino revela de forma extraordinaria las buenas noticias que se asocian con la salvación y la resurrección de Cristo. Y en la enseñanza, el apóstol trae a la memoria las Escrituras, el entierro del Señor, con su resurrección extraordinaria y sus apariciones posteriores a varios de sus discípulos y finalmente a él mismo.

El evangelio que anuncia el apóstol a la iglesia corintia proviene de Dios y tiene la finalidad específica de salvación, pues Cristo murió por nuestros pecados El evangelio llega para redención de la humanidad directamente de Dios. No se trata de palabras, ritos, celebraciones o liturgias, sino de la manifestación de la misericordia divina para la redención de la humanidad. Y el "poder de Dios" es una expresión que el apóstol asocia directamente con Cristo (1 Co 1.24).

> *Ahora, hermanos, quiero recordarles*
> *el evangelio que les prediqué, el mismo que recibieron y en el cual se mantienen firmes.*
> *Mediante este evangelio son salvos, si se aferran a la palabra que les prediqué.*
> *De otro modo, habrán creído en vano.*
> *Porque ante todo les transmití a ustedes lo que yo mismo recibí: que Cristo murió por nuestros pecados según las Escrituras, que fue sepultado, que resucitó al tercer día según las Escrituras, que se apareció a Cefas, y luego a los doce.*
> *Después se apareció a más de quinientos hermanos a la vez, la mayoría de los cuales vive todavía, aunque algunos han muerto.*
> *Luego se apareció a Jacobo, más tarde a todos los apóstoles, y por último, como a uno nacido fuera de tiempo, se me apareció también a mí.*
> 1 Corintios 15.1-8 NVI

Un componente importante en la teología paulina se relaciona con las implicaciones fundamentales del evangelio, pues tiene connotaciones universales. De acuerdo con la Carta a los romanos (Ro 1.16), el evangelio llega de parte de Dios para la salvación de judíos y gentiles, griegos y no griegos, sabios o ignorantes. En efecto, el evangelio es "poder de Dios" para todo el que cree, pues es una manifestación de la justicia divina. Y en ese contexto de redención el apóstol cita a Habacuc, pues "el justo vivirá por la fe" (Hab 2.4; Ro 1.17).

El "misterio" del evangelio

Un tema de importancia en el análisis de la teología paulina se relaciona con la palabra "misterio" (*mysterion* en griego). Este término revela niveles nuevos de profundidad en el evangelio de Jesucristo. Para Pablo, el evangelio es misterio porque incluye elementos indispensables de la revelación divina que sobrepasan nuestro conocimiento y comprensión naturales. Dios es quien presenta el evangelio o la buena noticia de Cristo para la redención de la humanidad. Y concerniente a este importante asunto, las referencias al evangelio como misterio divino se incluyen en contextos para enfatizar el componente de la revelación extraordinaria de Dios asociado a la muerte y resurrección de Cristo.

La referencia más antigua en la literatura paulina de la palabra "misterio", alude al "misterio de la maldad" o "misterio de la iniquidad" (2 Ts 2.7). En este contexto inicial, el apóstol alude a un proyecto satánico para afectar adversamente a la humanidad. Inclusive, presenta la aparición de "una persona malvada o impía" (2 Ts 2.8), que el Señor derrotará solo con el soplo de su boca. Esa figura "malévola y misteriosa", como representante de satanás, hará milagros, señales y prodigios falsos. Su objetivo es engañar a los que se pierden, por haberse negado a amar la verdad.

Posteriormente, la palabra "misterio" de manera sistemática se relaciona directamente con el evangelio de Jesucristo. El "misterio de Dios" es, en efecto, Jesucristo crucificado (1 Co 1.17-23). Pablo es el administrador que presenta las virtudes de ese singular "misterio" (1 Co 4.1; 13.2; 14.2). Y el evangelio, de acuerdo con la teología paulina, revela un plan específico de salvación de la humanidad, la sabiduría oculta por Dios el Padre para revelarse en el momento oportuno, y ese tiempo fue el de la crucifixión y resurrección de Cristo (1 Co 2.7).

El "misterio de Dios" se revela por las acciones redentoras de Cristo; la humanidad lo descubre por medio de la predicación del evangelio que anuncian los apóstoles. Esa salvación no está confinada a los círculos judíos, pues tiene repercusiones para las comunidades gentiles y para toda la humanidad. Ese "misterio" expone la dureza de corazón del pueblo de Israel, pues no desean recibir ni apreciar este extraordinario plan de salvación universal que llega directamente de Dios (Ro 11.25).

Ese plan de redención divina oculto por mucho tiempo, está fuera de la comprensión total de las personas. Sin embargo, por la predicación apostólica, se transmitía con claridad en la revelación especial del Cristo de Dios. Inclusive, con ese singular plan, los gentiles constituyen una parte esencial del "misterio de Cristo" (Col 4.3).

El sentido salvador del "misterio de Cristo" está presente en las primeras cartas de Pablo; sin embargo, es en las cartas de la cautividad donde el sentido pleno de la expresión se revela con más amplitud y se optimiza. En esas epístolas, el apóstol afirma que toda la creación cobra sentido pleno en Cristo, y que Cristo, finalmente, es la meta de todo lo creado. Según las enseñanzas de Pablo, Dios va a poner la creación bajo el pleno dominio de Cristo (Ef 1.10). Y la implicación de esas enseñanzas es que la salvación de todas las personas llega a la humanidad únicamente por medio de Cristo.

El resultado de la manifestación plena del "misterio de Cristo" es que todas las personas salvas se incorporen a la iglesia. En ese proceso, se convierten en parte del "cuerpo de Cristo". Y en ese cuerpo, Jesucristo es la cabeza, en referencia a la autoridad divina que se le ha concedido al Hijo de Dios (Col 1.26-27; 2.2; Ef 1.9; 3.4-10).

La palabra y el concepto de misterio eran utilizados en las religiones de Grecia. Pablo retoma el término, sin embargo, y le incorpora un componente cristiano fundamental y determinante. La evaluación del uso del término en la literatura paulina descubre la relación entre el uso de la palabra y su trasfondo judío, especialmente sus estudios de la Biblia hebrea. La conexión directa se puede descubrir con la palabra hebrea *sod* y la aramea *raz*, traducidas tradicionalmente como "misterio", como aparecen en el libro de Daniel (Dn 2.18-19,27-30,47; 4.6). Posiblemente la idea proviene del mundo persa.

El descubrimiento del término "misterio" en los documentos del mar Muerto, pueden ser un indicador de que la idea amplia de "misterio divino" está más asociada al mundo hebreo que al persa. En esos contextos judíos asociados a los manuscritos de Qumrán, la palabra *raz* alude al secreto divino que va desde la creación al principio de los tiempos, prosigue en la historia de la humanidad, hasta llegar a la era escatológica y al juicio al final. El uso que le da Pablo al término "misterio" se relaciona directamente con la literatura apocalíptica judía.

Dios es parte del "misterio" paulino

La unión del término "misterio" con la comprensión amplia que tiene Pablo del evangelio de Jesucristo, destaca componentes importantes en la teología del apóstol. En el plan amplio de Dios para la humanidad, la salvación es un componente importante. Ese extraordinario plan divino, que llega a la humanidad para traer salvación, se hace realidad en la vida, muerte y resurrección de Cristo. La verdadera intención y voluntad de Dios el Padre es la salvación de la humanidad (Ro 9,11; 8.28; Ef 1.11; 3.11; Gá 4.4). En efecto, el autor del plan de salvación no es Cristo sino Dios mismo, que el apóstol describe como "el Dios vivo y verdadero" (1 Ts 1.9).

Para el apóstol Pablo, la salvación de la humanidad no es un proyecto que nace con la resurrección de Cristo, sino un plan bien pensado por Dios que revela su verdadera naturaleza, tanto en niveles de justicia y misericordia. Para Dios en su sabiduría, la salvación no podía fundamentarse en las palabras o la sabiduría humana, sino en la predicación del evangelio de Jesucristo.

> *Ya que Dios, en su sabio designio, dispuso que el mundo no lo conociera mediante la sabiduría humana, tuvo a bien salvar, mediante la locura de la predicación, a los que creen.*
> 1 Corintios 1.21 NVI

Es de señalar, que Pablo nunca deja de atribuir al Padre el origen de la salvación (1 Ts 5.9; Ro 1.16; 10.10; 11.11). Es Dios, el Padre, quien llama a la humanidad a la fe, a la salvación, a la gloria e incluso al apostolado (1 Ts 5.24; 2 Ts 2.13-14; 1 Co 1.9; Ro 8.30). Ese especial llamado divino es parte del plan eterno de salvación (1 Ts 5.9; 2 Ts 2.13; Ro 8.28; 9.11; Ef 1.9.11; 3.11). La teología de Pablo revela algo específico de Dios para las personas, cualidades que expresan aspectos de su relación con el plan divino de salvación. Y entre los atributos divinos que Pablo toma de su trasfondo judío están los siguientes:

- Dios es el creador de todas las cosas (Ef 3.9).
- Dios es el único que llama las cosas que no son como si ya existieran (Ro 4.17).
- Dios tiene el poder eterno que se muestra desde la creación del mundo (Ro 1.20).

- Es el Dios de la verdad (Ro 1.25; 3.7)
- Es el Dios de la sabiduría y del conocimiento (Ro 11.33)
- Y, sobre todo, es el Dios de la justicia (Ro 3.5, 25)

Al analizar la teología paulina, no podemos subestimar las especiales relaciones entre Dios y Cristo. De forma reiterada, el apóstol presenta "al Dios y Padre de nuestro Señor Jesucristo", que es una manera teológica y literaria de destacar esa especial relación divino-humana (2 Co 1.3; 11.31; Ro 15.6; Col 1.3; 1 Co 15.24). Es una comprensión que revela la teología de la Biblia hebrea que tenía el apóstol, especialmente el concepto de monoteísmo (1 Co 8.5-6), además de revelar su comprensión de la naturaleza divina de Cristo. Solo Cristo puede presentar eficazmente la revelación divina a la humanidad, pues es la imagen visible del Dios invisible (2 Co 4.4; Col 1.15).

Respecto al mismo tema de las relaciones especiales entre Dios y Jesús, Pablo añade que fue el Padre quien envió a su Hijo a redimir a quienes estaban bajo de Ley mosaica (Gá 4.4). Esa afirmación teológica es una prueba irrefutable, de acuerdo con la teología del apóstol, del amor divino a la humanidad (Ro 5.8; 8.31). El extraordinario amor de Dios envió a Cristo a morir por los pecadores, con un claro propósito redentor. Además, fue esa iniciativa divina la que movió a la humanidad a reconciliarse con Dios, por medio del sacrificio de Cristo (2 Co 5.18).

> *Por lo tanto, si alguno está en Cristo, es una nueva creación. ¡Lo viejo ha pasado, ha llegado ya lo nuevo! Todo esto proviene de Dios, quien por medio de Cristo nos reconcilió consigo mismo y nos dio el ministerio de la reconciliación. Esto es, que en Cristo, Dios estaba reconciliando al mundo consigo mismo, no tomándole en cuenta sus pecados y encargándonos a nosotros el mensaje de la reconciliación. Así que somos embajadores de Cristo, como si Dios los exhortara a ustedes por medio de nosotros:*
> *«En nombre de Cristo les rogamos que se reconcilien con Dios».*
> *Al que no cometió pecado alguno, por nosotros Dios lo trató como pecador,para que en él recibiéramos la justicia de Dios.*
> 2 Corintios 5.17-21 NVI

Según Pablo, el propósito salvador de Dios fue diseñado desde antes de la creación del mundo (Ef 3.9). Después de un tiempo, donde la humanidad se olvidó de Dios, y vivió conforme a sus decisiones pecaminosas, llegó la hora de la intervención divina, para propiciar los procesos necesarios de reconciliación. Para cumplir con ese singular propósito de redención, Dios envió a su Hijo, Jesucristo, para cumplir con el ministerio de la reconciliación de la humanidad con Dios (Ro 5.1-2,8). Y por esa razón, Pablo dedica a ese Dios sus oraciones de gratitud (2 Co 1.11; 9.14-15; Ro 8.27; Col 4.3-12).

> *Doy gracias a mi Dios cada vez que me acuerdo de ustedes. En todas mis oraciones por todos ustedes, siempre oro con alegría, porque han participado en el evangelio desde el primer día hasta ahora. Estoy convencido de esto: el que comenzó tan buena obra en ustedes la irá perfeccionando hasta el día de Cristo Jesús.*
> Filipenses 1.3-6 NVI

La reconciliación divina no solo bendice a las personas, sino que se manifiesta con fuerza también en toda la creación (Ef 1.9-10). El Cristo de Dios, desde esa perspectiva teológica, es cabeza del universo, pues todo lo creado encuentra coherencia y madurez en él. Según las enseñanzas paulinas a la iglesia de Corinto, toda la creación espera la reconciliación divina, pues forma parte integral del plan salvífico de Dios (Ro 8.19-21).

En el análisis de la teología y las enseñanzas de Pablo, descubrimos que el apóstol divide la historia de la salvación en tres períodos básicos y de gran importancia teológica. Desde Adán hasta Moisés, las personas pecaban sin hacer referencias a las directrices divinas; luego, desde la etapa de Moisés hasta la llegada de Cristo, imperó la Ley; y finalmente, luego de la llegada de Jesucristo, el Señor se convierte en el cumplimiento pleno de la Ley mosaica (Ro 10.4). Y de esa forma, la Ley de Moisés es remplazada por el Ley de Cristo, pues para Pablo se acercada el inminente y anunciado fin de los tiempos (Gá 6.2; 1 Co 10.11).

La obra redentora de Cristo

La teología de Pablo presenta la obra redentora de Cristo con una serie de imágenes y conceptos que provienen de sus lecturas de la Biblia hebrea o el Antiguo Testamento. La muerte de Cristo se explica con conceptos e ideas asociadas a las tradiciones judías. Por ejemplo, se describe como un sacrificio de expiación (Gá 3.13), pacto o alianza (1 Co 11.23-26) o por los pecadores (1 Co 15.3; 2 Co 5.21). La muerte de Jesús nos recata de la maldición de la ley (Gá 3.13; Col 2.14), (Ro 5.15; 6.10), de la muerte (Ro 6.8) y del dominio de los poderes de este mundo (1 Co 2.6; Col 2.15).

Esas ideas del Antiguo Testamento le permiten al apóstol afirmar que quien "está en Cristo" está en medio de un proceso de reconciliación con el Dios eterno (Ro 5.11; 2 Co 5.18), que propicia justicia, santificación, redención y paz (1 Co 1.30; Ro 1.16; 5.1; Col 1.29). Y esa importante afirmación teológica se fundamenta en esa unión estrecha, íntima y singular entre Cristo y Dios. Declaraciones como que "Cristo es de Dios" (1 Co 3.22), "Cristo es la imagen de Dios" (2 Co 4.4; Col 5.15) y "toda la plenitud de la divinidad habita en forma corporal en Cristo" (Col 2.9), son reflexiones serias que ponen en evidencia la exclusiva unidad e interdependencia entre Dios y Cristo.

En esa tradición teológica, el concepto de "misterio" en el pensamiento paulino, está centrado en Cristo y su acción redentora por la humanidad. Pablo describe a Cristo como "poder de Dios" y lo llama "sabiduría de Dios" (1 Co 2.7; 1.24). Y al unir esos pensamientos, el apóstol evidencia que Cristo es el misterio del evangelio, pues constituye el plan secreto de Dios para la humanidad (Col 1.27; 2.2).

Cuando Pablo presenta el evangelio como "misterio" lo que desea afirmar y destacar es que las personas nunca podrán explicar ni comprender esa especial revelación divina por los medios naturales de comunicación. Para lograr esa comprensión plena, se requiere la revelación extraordinaria de Dios. En efecto, la comprensión del ministerio de Cristo se recibe a través de la fe.

El pueblo de Israel en el plan de redención

La teología paulina no ignora las responsabilidades del pueblo de Israel. Israel fue privilegiado porque recibió las revelaciones divinas desde la época de Abraham y Moisés hasta la posteridad. Es importante comprender que como Pablo era un judío dedicado y celoso, la teología de salvación que desarrolla se fundamenta en su comprensión de Dios y de su pueblo, Israel. Llegará el tiempo, afirma el apóstol, que todas las naciones serán bendecidas por Dios a través de Cristo según su promesa a Abraham (Gá 3.8; Ro 4.16; Gn 18.18; 12.3). En la manifestación plena de ese plan de salvación, los israelitas, de forma sistemática, rechazaron el reconocimiento de Jesucristo como el Ungido y Mesías de Dios prometido a los antiguos patriarcas y profetas de Israel (Ro 11.15).

> *Me dirijo ahora a ustedes, los gentiles. Como apóstol que soy de ustedes, le hago honor a mi ministerio, pues quisiera ver si de algún modo despierto los celos de mi propio pueblo, para así salvar a algunos de ellos.*
> *Pues, si el haberlos rechazado dio como resultado la reconciliación entre Dios y el mundo, ¿no será su restitución una vuelta a la vida? Si se consagra la parte de la masa que se ofrece como primicias, también se consagra toda la masa; si la raíz es santa, también lo son las ramas.*
> Carta a los Romanos 11.13-16 NVI

Esas actitudes del pueblo de Israel, de acuerdo con la teología de Pablo, dan sentido a la teología de salvación y la cristología del apóstol. La cristología paulina, que se revela en las cartas a las iglesias, presenta dimensiones históricas, sociales y cósmicas. Es histórica, pues toma en consideración la historia de la humanidad, desde los comienzos mismos de la creación, hasta la consumación o plenitud de los tiempos (Gá 4.4).

También la cristología de Pablo es social porque responde a cómo el pueblo de Israel ha reaccionado al ministerio de reconciliación personal y universal de Cristo, además de eliminar el muro de separación entre judíos y gentiles (Ro 5.12-21; 9.11; Ef 1.3-12). Y ciertamente es cósmica, pues relaciona todo lo creado, el ser humano y el cosmos, con la salvación plena de la humanidad, que anhela llevar a las personas y la naturaleza hacia Cristo, a quien Dios constituyó como cabeza y finalidad de todo lo existente.

La escatología de Pablo

Según el análisis de la teología de Pablo, la iglesia está viviendo ya en el final de los tiempos, que ciertamente es una etapa mesiánica. Sin embargo, aunque vivimos orientados hacia esa realidad escatológica, el fin aún no ha llegado (1 Co 15.25), porque Cristo todavía no reina de forma absoluta en el mundo ni ha entregado a Dios los reinos humanos.

Estos temas ciertamente están relacionados con la venida del Señor, o la parusía (1 Ts 2.19; 3.13; 4.15; 5.23; 2 Ts 2.1; 1 Co 15.23). Respecto a las expectativas del apóstol, no podemos ignorar que esperaba esa manifestación plena del Cristo glorificado en el futuro cercano, aunque también reconocía que su muerte estaba cerca (Fil 1.23). Y por tener esa comprensión cristológica y escatológica, Pablo afirma que las primicias o las arras de la salvación están disponibles para las personas en el tiempo presente de la historia (Ro 8.23; 2 Co 1.11; 5.5; Ef 1.14).

Al estudiar la escatología paulina notamos dos vertientes de importancia. Por un lado, en ocasiones, parece que Pablo entiende que los cristianos ya están salvos por la gracia de Cristo (Ro 8.24; 1 Co 15.2; 2 Co 2.15; Ef 2.8). Sin embargo, en otros contextos afirma que la salvación está en proceso (1 Co 5.5; 11.33; Ro 5.9, 10; 9.27; 10.9, 13).

Esa doble perspectiva escatológica de la salvación se debe, por lo menos parcialmente, al desarrollo y madurez de su teología concerniente al retorno de Cristo o parusía. Al comienzo de su ministerio, el apóstol entendía que la parusía era inminente, aunque con el tiempo, cuando entendía que el final de sus días se aproximaba, las referencias al tema están en el futuro indeterminado (1 Co 2.18; 1 Co 15.32).

El Señor o el Kirios

El título para referirse a Cristo por excelencia utilizado por el apóstol Pablo es el de *Kirios*, que traducido es Señor. Inclusive, en los escritos paulinos la palabra se usa más que Hijo de Dios, para destacar la pertinencia del mensaje cristiano y el sacrificio de Cristo en la sociedad griega y romana, y también en la cultura helenística.

En primer lugar, Pablo utiliza *Kirios* para referirse al Dios de la Biblia hebrea, Yavé, cuando alude al nombre divino en griego (1 Co 3.20; 10.26; 2 Co 14.21; Ro 4.8; 9.28-29; 11.3, 34; 15.11). Y esa forma de referirse a Dios en griego proviene de la versión griega, la Septuaginta (LXX), en donde la traducción regular la Yavé y Adonai es *Kirios*. Esa peculiaridad lingüística, en efecto, evidencia una gran afirmación teológica: para el apóstol Pablo el *Kirios* del Antiguo Testamento es Yavé y el del Nuevo es Jesús. En el uso de la misma expresión griega para Dios y para Jesús, el apóstol afirma la continuidad teológica y la esencia divina de los dos personajes.

El uso del término *Kirios* para referirse a las divinidades antiguas en Asia Menor, Siria y Egipto era común. En el Imperio romano, inclusive, el término se usaba para referirse al emperador, para reconocer su autoridad y superioridad política y jurídica, pero no se puede ignorar que la palabra también revelaba un componente de divinidad. Sin embargo, el fundamento de la aplicación del *Kirios* a Jesús se debe asociar principalmente con la tradición de la Septuaginta para manifestar la naturaleza divina de Cristo.

Es muy probable que ese uso del término griego aplicado a Cristo haya llegado al apóstol Pablo a través de los cultos y las liturgias de las iglesias primitivas en la Palestina del primer siglo. Las citas del apóstol de algunos himnos antiguos apuntan hacia esa dirección (Ro 10.9; 1 Co 12.3). Inclusive, el importante himno cristológico que se incluye en la carta a los filipenses (Fil 2.6-11), revela que *Kirios* es el nombre que se le da al Cristo exaltado, que tiene un nombre que es sobre todo nombre.

> *Por eso Dios lo exaltó hasta lo sumo y le otorgó el nombre*
> *que está sobre todo nombre, para que ante el nombre de Jesús*
> *se doble toda rodilla en el cielo y en la tierra*
> *y debajo de la tierra, y toda lengua confiese que Jesucristo*
> *es el Señor, para gloria de Dios Padre.*
> Filipenses 2.9-11 NVI

La enseñanza del apóstol a los creyentes de Filipos afirma que Dios exaltó a Cristo de forma extraordinaria y le dio un nombre que supera los límites humanos para que "toda lengua", en decir la humanidad toda, reconozca que Jesucristo es el *Kirios* o Señor para la gloria de Dios el Padre. Ese reconocimiento de Cristo como *Kirios* es una declaración teológica fundamental, que se afirmaba en los himnos y los cánticos congregacionales. Confesar que Jesucristo es el Señor es parte de la voluntad divina porque con ese propósito Dios exaltó a su Hijo hasta lo sumo.

Esa afirmación cristológica tiene importancias pedagógicas porque fundamentado en esa comprensión del *Kirios* de Dios el apóstol declara que los creyentes deben vivir arraigados y edificados en él.

> *Por eso, de la manera que recibieron a Cristo Jesús como Señor, vivan ahora en él, arraigados y edificados en él, confirmados en la fe como se les enseñó, y llenos de gratitud.*
> Colosenses 2.6-7 NVI

Para el apóstol, la declaración de que Cristo es el *Kirios* es una manera de decir que Jesús está en el mismo plano de divinidad de Dios. Esa naturaleza divina, según la teología de Pablo, revela el poder absoluto de Jesús sobre las personas, pues de esa manera ejerce su autoridad como el Señor resucitado y glorificado. *Kirios* es un título de majestad divina, de poder absoluto, de revelación de la gloria de Dios. Y para Pablo, ese título era la mejor manera de describir la naturaleza divina del Cristo glorificado.

De acuerdo con los escritos neotestamentarios (Hch 2.36; Ro 1.4; 6.4; Fil 3.10), Dios constituyó a Jesús como el *Kirios* o el Señor en el evento extraordinario de la resurrección. Fue resucitado Cristo de entre los muertos, por el poder y la gloria del Padre (Ro 6.4) y fue establecido con poder para llevar a efecto la santificación y la resurrección de todos los creyentes por su sacrificio redentor. Y a través de ese proceso redentor y santificador, Cristo llegó a ser el Señor o *Kirios* de los que han muerto como de los que aún viven (Ro 14.9), que es una manera de poner de manifiesto el poder divino sobre lo creado.

Pasión, muerte y resurrección de Cristo

Para el apóstol, el plan divino de salvación de la humanidad se asocia directamente con la pasión, muerte y resurrección de Cristo. Esas faces importantes del mensaje de salvación constituyen para Pablo una unidad teológica e histórica inseparable. Esos tres actos formidables en el drama eterno de la redención de la humanidad integran y completan la llamada "historia de la cruz" (1 Co 1.18). Esa singular historia de la salvación afirma que crucificaron al *Kirios* o Señor de la gloria (1 Co 2.8).

Y aunque en ese proceso doloroso de pasión y muerte, fue humillado y angustiado por las autoridades romanas y judías, en la resurrección el *Kirios* de Dios o Señor Jesucristo manifiesta su poder absoluto sobre los poderes humanos, y muestra su victoria sobre las persecuciones, los resentimientos, incluso la muerte. Para el apóstol, el que murió es también el que resucitó (Ro 8.24), que es una afirmación teológica contundente: No es la muerte la que tiene la última palabra en la "historia de la cruz", sino el poder de la vida y la resurrección.

El tema de la resurrección de Cristo es vital en la teología paulina. Esa comprensión del apóstol lo mueve a utilizar la expresión "el poder de la resurrección" (Fil 3.10), a modo de descripción para declarar la divinidad de Cristo. Como Jesús es el Cristo, el *Kirios* y el Hijo, Dios mismo lo resucitó y lo convirtió en "el primogénito de la resurrección" (Ap 1.5) porque la importancia teológica es que los creyentes también van a resucitar con ese mismo poder de Dios que resucitó a Cristo.

Referente a la expresión "el poder de su resurrección" con relación a Cristo, debemos afirmar varias enseñanzas apostólicas.

1. Debemos entender que Pablo atribuye la resurrección de Cristo solamente al poder absoluto y la autoridad eterna de Dios (1 Ts 1.10).
2. El Dios que resucitó a Jesús de entre los muertos tiene eterno poder y autoridad (Ro 1.20), y un plan redentor extraordinario para la humanidad.
3. Además, la resurrección de Jesús no fue un acto momentáneo de restaurarlo a su estado anterior de vida. Por el contrario, fue una manifestación de absoluto poder divino que transformó y glorificó al Señor, y lo llevó al extraordinario nivel de *Kirios* (2 Co 13.4).

El apóstol Pablo afirma que Cristo fue resucitado por el poder de Dios, y esa idea está íntimamente asociada al concepto de gloria. La glorificación de Cristo no solo es producto del poder divino sino una manifestación plena de la gloria de Dios. El Cristo de Dios no solo fue resucitado y exaltado, sino glorificado por el poder divino, de acuerdo con la teología paulina. Fue el "Padre de gloria" (Ef 1.7) el que resucitó a Cristo de entre los muertos, y lo exaltó y glorificó. El poder divino se manifestó en la resurrección y la gloria de Dios se evidenció en ese proceso de exaltación y glorificación. En este sentido es importante comprender que en la teología de Pablo "la gloria del Padre" se relaciona directamente con "el poder de Dios" (2 Ts 1.9). Gloria divina y poder de Dios son dos expresiones complementarias en la comprensión teológica y en las enseñanzas de Pablo.

Un importante himno cristológico revela el corazón de la teología paulina, referente a la supremacía y la autoridad del *Kirios* de Dios.

> *Él es la imagen del Dios invisible, el primogénito de toda creación, porque por medio de él fueron creadas todas las cosas en el cielo y en la tierra, visibles e invisibles,*
> *sean tronos, poderes, principados o autoridades:*
> *todo ha sido creado por medio de él y para él.*
> *Él es anterior a todas las cosas, que por medio de él forman un todo coherente.*
> *Él es la cabeza del cuerpo, que es la iglesia.*
> *Él es el principio, el primogénito de la resurrección, para ser en todo el primero. Porque a Dios le agradó habitar en él con toda su plenitud y por medio de él, reconciliar consigo todas las cosas, tanto las de la tierra como las que están en el cielo, haciendo la paz mediante la sangre que derramó en la cruz.*
> Colosenses 1.15-20 NVI

En el himno se afirma que el *Kirios,* o el Cristo de Dios, tiene la imagen divina. Además, es creador, supera los niveles del tiempo y es la cabeza o líder de la iglesia. También es primero en todo porque es reconciliador, pacificador y receptor de toda la plenitud de la deidad. En efecto, el centro teológico de la teología paulina es el Cristo resucitado y glorificado, que es el Señor o el *Kirios*, que se reveló a su vida camino a Damasco (Hch 9.1-6) y afirmó: "Yo soy Jesús a quien tú persigues".

Teológicas de la revelación del Kirios

Para el apóstol Pablo, el acto de salvación resultante del sacrificio de Cristo tiene varias importancias teológicas en sus enseñanzas a las iglesias y en sus programas misioneros. Y entre los efectos que tienen las personas por el sacrificio de Cristo se pueden identificar los siguientes: la reconciliación con Dios, la expiación y liberación de sus pecados, y la justificación por la fe.

Uno de los efectos iniciales y principales de la "historia de la cruz", como la identifica Pablo, es la reconciliación de la humanidad con

Dios, que ciertamente es el acto divino que genera un nuevo estado de paz y seguridad de las personas redimidas con Dios. La expresión griega que el apóstol utiliza se usa en contextos, *katallasó,* para explicar la naturaleza y la fuerza de la reconciliación, transmite la idea de hacer las paces después de una guerra. El propósito es destacar el elemento de la calma, la sobriedad y la paz luego de una experiencia de vida angustiante y complicada (2 Co 5.18-20; Ro 5.10-11; Col 1.20-21; Ef 2.16).

De acuerdo con las enseñanzas paulinas, la acción de Cristo, al morir por los pecados de las personas (1 Co 15.3), genera la expiación y el perdón de los pecados de los creyentes (Col 1.14; Ef 1.7), realidad indispensable para la redención. El acto de expiación es una forma de "borrar" los pecados de las personas al entrar en una relación de confianza y fe con el Cristo glorificado y resucitado, que es el *Kirios* de Dios o Señor. La humanidad, con sus acciones pecaminosas, se ha separado de la gloria de Dios a la que estaba destinada. Sin embargo, por la expiación de Cristo, los pecados humanos son perdonados y borrados, y de esa forma los redimidos tienen acceso directo al Padre (Ro 5.2).

Un efecto transformador de la acción redentora de Dios en Cristo es la liberación de las personas, acción que se identifica en el pensamiento paulino como "gloriosa libertad de los hijos de Dios" (Ro 8.21). Esa acción liberadora de Cristo, es esperada por toda la creación. En este contexto de libertad cristiana, Pablo indica que Cristo liberó a los creyentes para que sean verdaderamente libres (Gá 5.13). Y esa libertad por el sacrificio de Cristo permite que los creyentes superen la Ley, el pecado, la muerte, y los apetitos humanos (Ro 5.8).

De acuerdo con la teología paulina, el tema de la justificación es otra manera de afirmar, destacar y transmitir los efectos de la acción redentora de Cristo. En su carta a los romanos, Pablo indica con vehemencia que Jesús resucitó de entre los muertos con el propósito de justificar a los creyentes ante Dios (Ro 4.25).

Ese componente de la justificación, que surge en medio de las polémicas con diversos grupos judaizantes en la iglesia romana, resalta un elemento jurídico de importancia capital. En la justificación de los creyentes por la fe en Cristo, se emite un veredicto de absolución, que ubica la salvación de los creyentes en un nivel de seguridad legal y absoluta.

De acuerdo con Pablo, la justificación que se produce con la acción redentora de Cristo no necesita la Ley, pues se fundamenta en la fe en Jesucristo. Como la humanidad ha pecado y se ha separado de la gloria de Dios, los creyentes son justificados por la gracia divina que se manifiesta por el acto de redención de Cristo. En ese acto de salvación extraordinario del *Kirios* divino, Dios manifestó su justicia. Y como la naturaleza divina es justa, Dios de esa forma justifica a las personas que tienen fe en Jesús.

> *Pero ahora, sin la mediación de la Ley, se ha manifestado la justicia de Dios, de la que dan testimonio la ley y los profetas.*
> *Esta justicia de Dios llega, mediante la fe en Jesucristo, a todos los que creen.*
> *De hecho, no hay distinción, pues todos han pecado y están privados de la gloria de Dios, pero por su gracia son justificados gratuitamente mediante la redención que Cristo Jesús efectuó.*
> *Dios lo ofreció como un sacrificio de expiación que se recibe por la fe en su sangre, para así demostrar su justicia*
> *Anteriormente, en su paciencia, Dios había pasado por alto los pecados; pero en el tiempo presente ha ofrecido a Jesucristo para manifestar su justicia.*
> *De este modo Dios es justo y, a la vez,*
> *el que justifica a los que tienen fe en Jesús.*
> Romanos 3.21-26 NVI

A Capítulo 7:

ENSEÑANZAS DE PABLO

Si hablo en lenguas humanas y angelicales,
pero no tengo amor, no soy más que un metal que resuena o un platillo que hace ruido.
Si tengo el don de profecía y entiendo todos los misterios; si poseo todo conocimiento,
y si tengo una fe que logra trasladar montañas,
pero me falta el amor, no soy nada.
Si reparto entre los pobres todo lo que poseo,
si entrego mi cuerpo para que lo consuman las llamas, nada gano con eso.
El amor es paciente, es bondadoso.
El amor no es envidioso ni jactancioso ni orgulloso. No se comporta con rudeza, no es egoísta, no se enoja fácilmente, no guarda rencor.
El amor no se deleita en la maldad, sino que se regocija con la verdad.
Todo lo disculpa, todo lo cree, todo lo espera, todo lo soporta. El amor jamás se extingue.
1 Corintios 13.1-8a NVI

Tres valores indispensables

Las enseñanzas del apóstol Pablo a las iglesias son muchas. Se fundamentan en su lectura y comprensión de las Sagradas Escrituras, en su experiencia como predicador, maestro, misionero y apóstol, y en la revelación divina. Esas recomendaciones, además, responden a preguntas y problemas específicos de las congregaciones y los líderes de las iglesias. Además, la pedagogía paulina toca temas teológicos, bíblicos, pastorales, éticos, morales, espirituales y administrativos. En efecto, el apóstol era un educador pertinente, sobrio y sabio, que deseaba contribuir positivamente no solo a la salud administrativa de las congregaciones sino al bienestar espiritual de los creyentes.

Leer atentamente de los escritos de Pablo revela que sus enseñanzas se fundamentan en tres pilares básicos, que tienen importancias éticas, morales y espirituales: la fe, la esperanza y el amor. Esos tres valores, lejos de ser expresiones poéticas, constituyen la base de sus enseñanzas y de la vida cristiana responsable y saludable. Para el apóstol, el crecimiento cristiano personal e institucional debe incorporar esos tres elementos, pues brindan a individuos e iglesias la salud espiritual y el bienestar administrativo necesario para enfrentar los desafíos de la existencia humana.

Desde sus primeras cartas apostólicas, Pablo destaca los valores que servirán de base a su tarea docente. Y la primera carta a la iglesia en Tesalónica, que constituye su primera carta apostólica, revela el fundamento de sus enseñanzas, pues afirma y destaca los importantes temas de la fe, la esperanza y el amor.

> *Siempre damos gracias a Dios por todos ustedes cuando los mencionamos en nuestras oraciones.*
> *Los recordamos constantemente delante de nuestro Dios y Padre a causa de la obra realizada por su fe, el trabajo motivado por su amor, y la constancia sostenida por su esperanza en nuestro Señor Jesucristo.*
> Primera Carta a los Tesalonicenses 1.2-3

En la oración inicial en la Primera Carta a los Tesalonicenses, su primera epístola, Pablo da gracias a Dios los creyentes de Tesalónica. El apóstol distingue lo que hacen, que se fundamenta en la fe; agradece al Señor por el trabajo que realizan, que se basa en el amor; y celebra la constancia y la perseverancia en el trabajo cristiano que demuestran, pues son esfuerzos motivados por la esperanza en el Señor Jesucristo que profesan (1 Ts 1.3). Y esas tres dimensiones de la vida cristiana, constituyen los elementos básicos e indispensables de sus enseñanzas a las iglesias, son la razón de ser de su tarea docente.

La fe

La fe, para el apóstol Pablo, es el fundamento que le brinda a la vida cristiana sobriedad y estabilidad. Es el punto de partida en el peregrinaje espiritual saludable y estable, que desea que las personas crezcan y se desarrollen en Cristo. Y esa importancia pedagógica y teológica se evidencia al descubrir las repetidas veces que se utiliza el verbo "creer" (en griego, *pisteúein*) y el término "fe" (en griego, *pístis*), tanto en el Nuevo Testamento en general, como en la literatura paulina, en especial.

La idea que se transmite con la frase "obediencia a la fe" (Ro 1.5, 6,17; 15.18; 16.19) se asocia a la dinámica de escuchar y obedecer la Palabra de Dios. En la teología paulina, esa dinámica describe una manera específica de recibir, disfrutar y compartir la verdad del evangelio de Jesucristo. Obedecer la fe, en efecto, es recibir la revelación divina que se manifiesta en el anuncio de la buena noticia de la resurrección del Señor. La obediencia se fundamenta en la fe y prepara el camino para la bendición divina.

El estudio de las ideas asociadas con la fe en las cartas de Pablo descubre que tiene un componente testimonial indispensable. Los creyentes que profesan una fe saludable, que se fundamenta en el evangelio de Jesucristo y en la revelación de Dios, comparten sus experiencias de salvación de manera sencilla y espontánea. Y esa afirmación de seguridad, devoción, sencillez y convicción, se destaca en la Carta a los romanos (Ro 10.9).

Para el apóstol, la fe que profesamos, la que está arraigada en lo profundo del corazón de los creyentes, es el fundamento indispensable de la salvación y de la justificación.

> *«La palabra está cerca de ti; la tienes en la boca y en el corazón».*
> *Esta es la palabra de fe que predicamos:*
> *que si confiesas con tu boca que Jesús es el Señor y crees en tu corazón que Dios lo levantó de entre los muertos, serás salvo.*
> *Porque con el corazón se cree para ser justificado, pero con la boca se confiesa para ser salvo.*
> *Así dice la Escritura: «Todo el que confíe en él no será defraudado».*
> Romanos 10.8-11 NVI

Según la enseñanza paulina, la justificación divina es el resultado de la fe humana. Esa justificación, que ciertamente es reconciliación con Dios y salvación, resulta del perdón de los pecados que Dios mismo brinda, por su misericordia y amor. Como respuesta a esa extraordinaria iniciativa divina, las personas deben responder con fe y seguridad. Las enseñanzas paulinas afirman que la buena y adecuada relación con Dios se fundamenta en la fe. El encuentro transformador divino-humano debe ser por la fe.

Esa teología y enseñanza de la justificación y salvación por la fe, se basa en la lectura de Pablo de la Biblia hebrea. Por ejemplo, la experiencia de fe del patriarca Abraham con Dios. De acuerdo con el texto bíblico de Génesis, *Abram creyó al Señor, y el Señor se lo reconoció como justicia* (Gn 15.6).

A esa enseñanza mosaica del Pentateuco, debemos añadir el mensaje de Habacuc, que ciertamente incorpora una dimensión profética a la afirmación del patriarca, al decir que *el justo vivirá por su fe* (Hab 2.4). Es decir, que el fundamento de la vida plena que genera en los creyentes el evangelio de Jesucristo viene de la manifestación específica de la fe.

Esas referencias bíblicas son claves en el desarrollo del concepto fe en las enseñanzas de Pablo. Y esa importante convicción teológica, hace afirmar al apóstol que solo por la fe en el Señor Jesucristo las personas pueden obtener y disfrutar la salvación. De un lado, está la manifestación plena de la misericordia y el amor de Dios, y del otro, el reconocimiento pleno de los creyentes por la fe. Y el resultado de esas dos dinámicas divino-humanas, producen la salvación, generan la vida eterna, atraen la misericordia del Señor.

Esa enseñanza de Pablo, referente a la relación íntima entre la salvación y la fe, desafía las percepciones tradicionales de la salvación. Esas comprensiones judías destacaban de la salvación los elementos religiosos y nacionalistas. Para la comunidad rabínica, la salvación estaba asociada directamente con el pueblo judío, con la nación que había sido liberada por Moisés de la esclavitud de Egipto y del faraón.

No obstante, para el apóstol a los gentiles, la manifestación plena de la gracia divina y la salvación en Jesucristo, superan de manera radical los límites sociales, espirituales, históricos, culturales y étnicos. ¡Con la afirmación paulina se anula la discriminación! ¡Con la enseñanza de Pablo se abren las puertas de la salvación para las comunidades gentiles! ¡Y con la teología del apóstol la salvación cobra dimensión nueva!

> *¿Dónde, pues, está la jactancia? Queda excluida.*
> *¿Por cuál principio? ¿Por el de la observancia de la ley?*
> *No, sino por el de la fe. Porque sostenemos que todos somos justificados por la fe y no por las obras que la ley exige.*
> *¿Es acaso Dios solo Dios de los judíos? ¿No lo es también de los gentiles?*
> *Sí, también es Dios de los gentiles, pues no hay más que un solo Dios. Él justificará por la fe a los que están circuncidados y, mediante esa misma fe, a los que no lo están.*
> *¿Quiere decir que anulamos la ley con la fe?*
> *¡De ninguna manera! Más bien, confirmamos la ley.*
> Romanos 3.27-31

La esperanza

La esperanza es un valor teológico y pedagógico que puede contribuir positivamente al bienestar emocional, social y espiritual de las personas. La existencia humana presupone un marco de referencia de seguridad, que requiere de un sentido de esperanza que la guíe. Y esa esperanza no es optimismo irracional ni desconocimiento de las complejidades y adversidades de la vida, pues en las enseñanzas de Pablo las realidades de la existencia humana se reconocen y juegan un papel protagónico.

Referente a las realidades complejas de la vida, el apóstol indica que las ha enfrentado con autoridad, pues su confianza y esperanza se fundamentan en Cristo, que le brinda la fortaleza necesaria en el momento oportuno.

> *Sé lo que es vivir en la pobreza, y lo que es vivir en la abundancia. He aprendido a vivir en todas y cada una de las circunstancias, tanto a quedar saciado como a pasar hambre, a tener de sobra como a sufrir escasez.*
> *Todo lo puedo en Cristo que me fortalece.*
> Filipenses 4.12-13 NVI

La esperanza cristiana reconoce las adversidades de la vida, pero enfrenta las diversas complejidades personales, sociales y espirituales desde la perspectiva de la fe. ¡La esperanza no es ciega ni ingenua! No obstante, la fe se fundamenta en la autoridad y el poder de Dios.

Y esa virtud divina permite a los creyentes superar las adversidades confiados en las promesas del Señor.

Los creyentes, en efecto, están conscientes de los desafíos físicos, sociales, emocionales, políticos, económicos y espirituales diarios que deben enfrentar en la vida; sin embargo, lo hacen desde la comprensión de que han sido redimidos por la fe en Jesucristo. Y esa comprensión del poder de Dios y la misericordia divina son el fundamento de la esperanza.

En los escritos paulinos, la terminología que se asocia al tema de la esperanza es teológicamente importante. Las expresiones griegas, "*elpís*", y "elpízein" tradicionalmente asociadas a los términos "esperanza" o "esperar", se vinculan directamente con Dios. En efecto, es el Señor la fuente básica de esos sentimientos y convicciones que generan seguridad y paz. Y esa esperanza cobra sentido, vida y pertinencia en la muerte y resurrección de Jesucristo.

La seguridad que se genera al disfrutar la esperanza cristiana se fundamenta en Dios, que mediante las intervenciones del Espíritu Santo mantiene firme la fe en medio de las crisis y los conflictos. Y por la intervención del Espíritu, de acuerdo con la teología paulina, que la esperanza no defrauda a la gente de fe, porque Dios es capaz de manifestar su amor en los corazones.

> *En consecuencia, ya que hemos sido justificados mediante la fe,*
> *tenemos paz con Dios por medio de nuestro Señor Jesucristo.*
> *También por medio de él, y mediante la fe, tenemos acceso*
> *a esta gracia en la cual nos mantenemos firmes.*
> *Así que nos regocijamos en la esperanza de alcanzar la gloria de Dios. Y no solo en esto, sino también en nuestros sufrimientos, porque sabemos que el sufrimiento produce perseverancia; la perseverancia, entereza de carácter;*
> *la entereza de carácter, esperanza. Y esta esperanza no nos defrauda, porque Dios ha derramado su amor en nuestro corazón por el Espíritu Santo que nos ha dado.*
> Romanos 5.1-5 NVI

Las afirmaciones teológicas y las enseñanzas de Pablo son firmes y contundentes. Una vez la justificación y salvación por la fe en Jesucristo se hace realidad, los creyentes comienzan a disfrutar paz, calma, seguridad y gracia divina, que son componentes necesarios para permitir la perseverancia en la fe; además, esa fe y constancia, prepara el camino para el regocijo porque lleva al que cree a alcanzar y disfrutar la gloria de Dios.

Pablo advierte a la iglesia en Roma cómo deben los creyentes enfrentarse los sufrimientos de la vida. Ese tema destaca las complejidades de la vida. En primer lugar, se debe entender que, según Pablo, el sufrimiento genera perseverancia y entereza de carácter. Es decir, las adversidades son oportunidades educativas que permiten a los creyentes generar dos valores fundamentales e indispensables en la vida: perseverancia y entereza de carácter. Y esos dos componentes preparan el camino para la manifestación plena de la esperanza.

La esperanza, además, no es una enseñanza o una característica personal que surge de la nada o que se manifiesta sin fundamento alguno. Según Pablo, la esperanza es resultado de cómo los creyentes responden a las adversidades, desde la perspectiva de la fe en Jesucristo. Los problemas que se enfrentan con seguridad y autoridad, en el nombre del Señor y con la ayuda del Espíritu, son los que propician el crecimiento y el desarrollo de la esperanza, que un Dios amoroso y redentor brinda a la gente de fe. Es decir, la esperanza se nutre de un proceso educativo que se fundamenta en la fe.

Esa comprensión teológica de la esperanza cristiana ve el futuro con optimismo y seguridad, pues el porvenir está garantizado por la promesa divina de un triunfo definitivo de la fe sobre la muerte. Esa victoria plena de la iglesia y los creyentes está asegurada, según las enseñanzas del apóstol Pablo, por la muerte y resurrección de Jesucristo.

> *De hecho, considero que en nada se comparan los sufrimientos actuales con la gloria que habrá de revelarse en nosotros.*
> *La creación aguarda con ansiedad la revelación de los hijos de Dios, porque fue sometida a la frustración.*
> *Esto no sucedió por su propia voluntad, sino por la del que así lo dispuso.*
> *Pero queda la firme esperanza de que la creación misma ha de ser liberada de la corrupción que la esclaviza, para así alcanzar la gloriosa libertad de los hijos de Dios.*
> Romanos 8.18-21 NVI

Esta afirmación teológica, referente a los sufrimientos humanos que no son comparables con la gloria venidera, es determinante e indispensable en las enseñanzas y la teología del apóstol. Y para destacar el tema, Pablo afirma que, inclusive la creación misma, es decir, la naturaleza, el cosmos, la flora y la fauna espera ser liberada de su cautiverio, para alcanzar la libertad plena y gloriosa que disfrutan los hijos de Dios.

El tema de la esperanza no solo toca y bendice a las personas, sino que causa un impacto y transformación en la naturaleza. El plan de salvación divino para la humanidad causa transformación en toda la creación. Y fundamentado en esas convicciones, el apóstol declara que:

> *…en todo esto somos más que vencedores*
> *por medio de aquel que nos amó.*
> *Pues estoy convencido de que ni la muerte ni la vida,*
> *ni los ángeles ni los demonios, ni lo presente ni lo por venir,*
> *ni los poderes, ni lo alto ni lo profundo, ni cosa alguna en*
> *toda la creación podrá apartarnos del amor que Dios nos*
> *ha manifestado en Cristo Jesús nuestro Señor.*
> Romanos 8.37b-39

La esperanza cristiana genera personas más que vencedoras, pues esa convicción en Cristo les permite superar las dificultades asociadas con la vida y la muerte.

El amor

El tema del amor es esencial en la teología cristiana en general y en las enseñanzas del apóstol Pablo en particular. La revelación del Espíritu Santo en los creyentes y las iglesias genera de forma permanente y creciente manifestaciones extraordinarias porque: "*Dios ha derramado su amor en nuestro corazón por el Espíritu Santo que nos ha dado*" (Ro 5.5). En efecto, un fruto del Espíritu en la gente de fe es poder disfrutar y compartir el amor de Dios. Y es ese poder del amor el que tiene la capacidad de ayudarnos a superar los temores (Col 3.14; 1 Jn 4.18).

El amor de Dios ayuda a desarrollar la fe y las manifestaciones de fraternidad y solidaridad entre las personas. Generalmente los términos griegos traducidos como "amor", en griego *ágape*, tienen como objeto inmediato a las personas. El amor divino se manifiesta a la humanidad y genera fe en el Señor, y propicia el amor al prójimo. En la teología paulina, el amor se dirige al prójimo y es el comportamiento que debe caracterizar a los creyentes en sus relaciones interpersonales.

El concepto del amor en el pensamiento paulino no puede subestimarse porque el amor es la fuerza fundamental que enmarca la vida de las iglesias y los creyentes. Su experiencia de conversión y transformación camino a Damasco se fundamenta en el amor, y la vida cristiana surge como respuesta humana al amor divino. Inclusive, la madurez espiritual que deben demostrar los cristianos se mide con relación a la presencia del amor en las relaciones interpersonales diarias.

Un tema teológico también de importancia en la correspondencia paulina es el de la libertad. Según Pablo, que prosigue las enseñanzas de Jesús, la libertad no es un extra optativo en la teología y la vida cristiana sino un requisito indispensable. Y ese valor cristiano fundamental se verifica y valida en términos del amor.

> *Les hablo así, hermanos, porque ustedes han sido llamados*
> *a ser libres; pero no se valgan de esa libertad*
> *para dar rienda suelta a sus pasiones.*
> *Más bien sírvanse unos a otros con amor.*
> *En efecto, toda la Ley se resume en un solo mandamiento:*
> *«Ama a tu prójimo como a ti mismo».*
> Gálatas 5.13-14 NVI

Según Pablo, el amor es el fundamento de la libertad, pues proviene de la revelación divina en la Ley de Moisés (Lv 19.18). El poder de Dios se evidencia en el amor al prójimo, que debe ser como amarse a uno mismo. Pablo retoma la enseñanza mosaica y la ubica en la teología cristiana como una enseñanza fundamental en la vida. Y fue por amor que, el Dios y Padre de nuestro Señor Jesucristo, que también es misericordioso y consolador, liberó al pueblo de Israel del cautiverio egipcio (2 Co 1.3).

La libertad cristiana, producto del sacrificio de Jesucristo en la cruz, debe manifestarse en la vida como expresiones de confianza y fidelidad a Dios. El amor al prójimo no debe ser casual o esporádico, sino ser un estilo de vida que manifiesta el compromiso con Dios y con Jesucristo. Esa libertad cristiana genera decisiones responsables que incentivan el amor de Dios y propician el reconocimiento de la muerte y resurrección de Jesucristo.

El amor no es solo sentimiento sino actitud decidida que manifiesta el poder de la misericordia divina y las respuestas humanas a esa revelación transformadora de Dios. Las acciones humanas, y también las actitudes, deben tener su fundamento en el amor, no en el egoísmo, ni en la conveniencia o la vanidad. Y en medio de las realidades cotidianas, los creyentes deben velar no solo por sus intereses propios y preocupaciones personales, sino también por los intereses de la comunidad, al clamor del pueblo en dolor.

> *Por tanto, si sienten algún estímulo en su unión con Cristo, algún consuelo en su amor, algún compañerismo en el Espíritu, algún afecto entrañable, llénenme de alegría teniendo un mismo parecer, un mismo amor, unidos en alma y pensamiento. No hagan nada por egoísmo o vanidad; más bien, con humildad consideren a los demás como superiores a ustedes mismos. Cada uno debe velar no solo por sus propios intereses, sino también por los intereses de los demás.*
> Filipenses 2.1-4 NVI

La unidad de los creyentes, en las enseñanzas de Pablo, se asocia directamente a las manifestaciones del amor. Y en ese fundamento de amor, los creyentes deben atender las debilidades y los reclamos del resto de la comunidad de fe. Si algún comportamiento humano tiene el potencial de afectar adversamente a las personas débiles en la fe, debe ser revisado y superado, por amor a las personas frágiles.

> *Yo, de mi parte, estoy plenamente convencido en el Señor Jesús de que no hay nada impuro en sí mismo.*
> *Si algo es impuro, lo es solamente para quien así lo considera.*
> *Ahora bien, si tu hermano se angustia por causa de lo que comes, ya no te comportas con amor.*
> *No destruyas, por causa de la comida, al hermano por quien Cristo murió. En una palabra, no den lugar a que*

> *se hable mal del bien que ustedes practican, porque el reino de Dios no es cuestión de comidas o bebidas, sino de justicia, paz y alegría en el Espíritu Santo.*
> *El que de esta manera sirve a Cristo agrada a Dios y es aprobado por sus semejantes.*
> Romanos 14.14-18

En nuestro análisis del amor en las enseñanzas de Pablo, no podemos ignorar que uno de los pasajes más importantes respecto al tema se presenta en el contexto de sus palabras referente a los dones espirituales. En ese importante contexto de manifestaciones de la gracia divina por medio del Espíritu, se ubica el tema del amor, como un camino más excelente (1 Co 12.31b).

El criterio más importante para verificar el origen de los dones espirituales es el amor. Por lo tanto, el amor es el componente del discernimiento cristiano más importante para analizar el origen de las manifestaciones espirituales.

El Dios de Israel

Las enseñanzas del apóstol Pablo se fundamentan en la comprensión de Dios que proviene de las lecturas de la Biblia hebrea. La afirmación paulina que declara a Jesucristo como Señor, no cancela su fe monoteísta ni rechaza la revelación divina a Moisés y los profetas. Para el apóstol, solo hay un Dios vivo y verdadero, que es el Dios de Israel y que también, es el Dios y Padre de nuestro Señor Jesucristo (Ro 15.6).

Esas convicciones teológicas del apóstol se manifiestan cuando afirma que el Dios que lo escogió desde el seno de su madre, lo llamó, le reveló su gracia y lo comisionó predicar a la comunidad gentil (Gá 1.15-16). La referencia directa a su encomienda divina desde antes de nacer alude a los llamados proféticos, que juegan un papel protagónico en las teologías del Antiguo Testamento (Is 49.1). Se identifica el apóstol de esta forma con la comunidad de profetas bíblicos que presentaban al pueblo la palabra y la voluntad divina.

La iniciativa que movió a Pablo a convertirse en apóstol de Jesucristo provino directamente del Dios Padre. Esa revelación no solo depende de la manifestación divina que vivió camino a Damasco, sino de otras experiencias y convicciones a las que alude en sus escritos.

De forma reiterada, en las presentaciones iniciales de sus cartas a las iglesias, Pablo afirma que es apóstol del evangelio de Jesucristo por la voluntad de Dios (p.ej., 1 Co 1.1; 2 Co 1.1). Y repite esa convicción para destacar que su ministerio de predicación del evangelio de Cristo a las comunidades no judías se fundamenta en el mismo Dios que se había revelado previamente al pueblo de Israel a través de la Ley de Moisés y el mensaje de los profetas.

Ese Dios que interviene en la historia del pueblo de Israel, fue el que resucitó a Jesucristo, de acuerdo con las enseñanzas de Pablo a la iglesia en Corinto (1 Co 15). Y referente a este tema, el apóstol declara:

> *Toda la plenitud de la divinidad habita en forma corporal en Cristo; y en él, que es la cabeza de todo poder y autoridad, ustedes han recibido esa plenitud.*
> *Además, en él fueron circuncidados, no por mano humana, sino con la circuncisión que consiste en despojarse del cuerpo pecaminoso. Esta circuncisión la efectuó Cristo. Ustedes la recibieron al ser sepultados con él en el bautismo.*
> *En él también fueron resucitados mediante la fe en el poder de Dios, quien lo resucitó de entre los muertos.*
> Colosenses 2.9-12 NVI

El apóstol Pablo afirma que la plenitud del único Dios verdadero habita en el cuerpo de Cristo. Esa singularidad teológica y cristológica lo pone como Señor o cabeza de todo poder y autoridad, pues es el creador del mundo (Ro 1.19-20; 1 Co 11,9). Y como Dios único y verdadero es creador de la historia y de la salvación,(Ro 4.17). Además, las promesas divinas, según esas afirmaciones de Pablo, se hacen realidad mediante la gracia de Dios, que se revela en la vida, muerte y resurrección de Cristo (2 Co 1.20).

De singular importancia pedagógica y teológica son las frecuentes alusiones del apóstol a Dios como Padre. Esa percepción, que tiene su fundamento sólido en la Biblia hebrea y en las enseñanzas de Jesucristo (Mt 6.9-14), es una imagen literaria que destaca la relación íntima y fundamental entre Dios y su pueblo (Ro 8.15; Gá 4.6); en primer lugar, el Israel bíblico, y posteriormente, la iglesia. Esa percepción de la divinidad toma dimensión nueva al asociar de manera singular y directa al Dios Padre con Jesucristo.

El Espíritu Santo

Las comprensiones y el lenguaje usado referente al Espíritu Santo en la literatura paulina tienen su fundamento en la Biblia hebrea o el Antiguo Testamento. La idea es que el Espíritu es la fuerza vivificante y el poder de Dios en acción. Además, es fuente indispensable de las revelaciones proféticas, que ciertamente en los últimos tiempos tendrá una manifestación mayor de actividades y prodigios, como profecías, visiones y sueños (Jl 2.28-32). Y es por el Espíritu que los creyentes proceden en obediencia a descubrir, aceptar y compartir la voluntad y el mensaje de Dios.

Para las primeras iglesias, la resurrección de Jesucristo inaugura una nueva etapa escatológica de revelación divina, donde el Espíritu juega un papel preponderante. En Pentecostés (Hch 2.1-13), el Espíritu llega para brindarle a los creyentes el poder y la autoridad necesaria para cumplir la misión de Cristo: llevar el evangelio desde Jerusalén hasta lo último de la tierra. Y fundamentado en sus comprensiones de las Sagradas Escrituras y las intervenciones del Espíritu luego de la resurrección de Jesucristo y de Pentecostés, el apóstol Pablo afirma que el Espíritu Santo o el Espíritu de Dios es un don especial que Dios brinda a los creyentes. Y es por estas comprensiones del Espíritu, que Cristo, identificado por Pablo como el "último Adán", se convierte en el espíritu que da vida.

> *Así está escrito:*
> *«El primer hombre, Adán,*
> *se convirtió en un ser viviente»;*
> *el último Adán, en el Espíritu que da vida.*
> *No vino primero lo espiritual,*
> *sino lo natural y después lo espiritual.*
> *El primer hombre era del polvo de la tierra;*
> *el segundo hombre, del cielo.*
> 1 Corintios 15.45-47 NVI

En las enseñanzas del apóstol Pablo, el Espíritu se relaciona directamente con Dios y con Cristo, pero no los funde ni confunde (2 Co 13.13). Cada uno tiene su función e identidad. Esa relación destaca no solo la continuidad entre el Dios Padre, Jesucristo y el Espíritu, sino que revela la comunión íntima entre esas expresiones de la divinidad.

Esas dinámicas teológicas permiten al apóstol entender y enseñar que Cristo y su mensaje están presentes en las intervenciones y revelaciones del Espíritu Santo. Y esa presencia divina en la acción del Espíritu es garantía de que Dios brinda a los creyentes el poder necesario y la autoridad para superar las adversidades en la vida.

> *Así mismo, en nuestra debilidad*
> *el Espíritu acude a ayudarnos.*
> *No sabemos qué pedir, pero el Espíritu mismo intercede por nosotros con gemidos que no pueden expresarse con palabras.*
> *Y Dios, que examina los corazones,*
> *sabe cuál es la intención del Espíritu,*
> *porque el Espíritu intercede por los creyentes*
> *conforme a la voluntad de Dios.*
> Romanos 8.26-27 NVI

En efecto, en las enseñanzas paulinas el Espíritu interviene en los creyentes para ayudarlos en el momento preciso; y se revela con actitud de colaboración. Además, intercede ante Dios de forma extraordinaria, con expresiones que superan la articulación de palabras y conceptos, para relacionar las peticiones humanas con la voluntad divina.

El Espíritu Santo también se describe como el Espíritu de Cristo, y para el apóstol Pablo esa identificación evidencia una de las funciones del Espíritu más importantes en referencia a los creyentes: presentar a individuos y comunidades de fe los mensajes, la voluntad y la persona de Cristo. Y esta enseñanza se enfatiza en la primera carta a los creyentes de Corinto, en la que el apóstol explica que la revelación divina en la cruz no puede entenderse adecuadamente a través de las capacidades humanas, sino por la intervención del Espíritu.

Según Pablo, se requiere una intervención especial del Espíritu para que los creyentes y las iglesias puedan comprender la naturaleza y extensión del proyecto divino de salvación. La mente humana no puede asimilar adecuadamente la manifestación del amor de Dios en la muerte y resurrección de Cristo. Por esta razón es necesaria una intervención especial del Espíritu, de manera que los creyentes puedan comprender y aceptar la voluntad divina de salvación. Pablo afirma que no recibimos el espíritu del mundo, sino el Espíritu de Dios para conocer todo lo que Dios nos ha dado (1 Co 2.12).

La fragilidad humana necesita la intervención divina. Esa presencia y actividad de Dios se hace realidad mediante las acciones y revelaciones del Espíritu. Según Pablo, el poder divino se experimenta, como ministros de Dios y en medio de las realidades de la vida, no de acuerdo con la letra, sino según el Espíritu. Y por esa razón, afirma:

> *Por nuestra parte, a nadie damos motivo alguno de tropiezo,*
> *para que no se desacredite nuestro servicio.*
> *Más bien, en todo y con mucha paciencia nos acreditamos*
> *como servidores de Dios:*
> *en sufrimientos, privaciones y angustias;*
> *en azotes, cárceles y tumultos;*
> *en trabajos pesados, desvelos y hambre.*
> *Servimos con pureza, conocimiento, constancia y bondad;*
> *en el Espíritu Santo y en amor sincero;*
> *con palabras de verdad y con el poder de Dios;*
> *con armas de justicia, tanto ofensivas como defensivas;*
> *por honra y por deshonra, por mala y por buena fama;*
> *veraces, pero tenidos por engañadores;*
> *conocidos, pero tenidos por desconocidos;*
> *como moribundos, pero aún con vida;*
> *golpeados, pero no muertos;*
> *aparentemente tristes, pero siempre alegres;*
> *pobres en apariencia, pero enriqueciendo a muchos;*
> *como si no tuviéramos nada, pero poseyéndolo todo.*
> 2 Corintios 6.3-10

Esta enseñanza de Pablo es muy importante porque destaca la naturaleza de las adversidades y los contratiempos que ha enfrentado por cause de la predicación del evangelio. El presupuesto teológico y pedagógico del discurso paulino, es que el Espíritu Santo lo ayudó a enfrentar y resolver los problemas, que ciertamente no eran pequeños ni mucho menos ignorar. Y en medio de ese contexto complejo de adversidades humanas y confianza en la intervención divina, el apóstol relaciona la intervención del Espíritu con el amor, el poder de Dios, la verdad y la justicia.

El apóstol Pablo enseña con valentía que el Espíritu Santo es la fuerza divina necesaria para superar las adversidades de la vida, aunque sean complejas, amenazantes o que lleven al borde de la muerte. Pablo afirma que el Espíritu es el agente divino que optimiza su poder y autoridad contra los conflictos serios.

Por la intervención extraordinaria del Espíritu los creyentes descubren y disfrutan su identidad en Dios. La espiritualidad cristiana, en individuos y comunidades, se fundamenta en las intervenciones precisas y transformadoras del Espíritu de Dios. La expresión "ser de Cristo", equivale a afirmar que se tiene el Espíritu, de acuerdo con la enseñanza paulina. Y para la gente de Cristo en Roma, que ha descubierto su espiritualidad, el apóstol dice:

> *Por lo tanto, ya no hay ninguna condenación para los que están unidos a Cristo Jesús, pues por medio de él la ley del Espíritu de vida te ha liberado de la ley del pecado y de la muerte.*
> *En efecto, la ley no pudo liberarnos porque la naturaleza pecaminosa anuló su poder;*
> *por eso Dios envió a su propio Hijo en condición semejante a nuestra condición de pecadores, para que se ofreciera en sacrificio por el pecado.*
> *Así condenó Dios al pecado en la naturaleza humana,*
> *a fin de que las justas demandas de la ley se cumplieran en nosotros, que no vivimos según la naturaleza pecaminosa, sino según el Espíritu.*
> Romanos 8.1-4 NVI

La espiritualidad cristiana se fundamenta en las intervenciones liberadoras del Espíritu de vida. Esa acción de Dios, que se hace realidad en el sacrificio de Jesucristo, el Hijo de Dios, permite superar el pecado y la muerte. Y esa intervención del Espíritu desafía a los creyentes a vivir conforme al Espíritu, para que sea el mismo Espíritu de Dios el que gobierne la mente y los deseos de las personas de fe (Ro 8.5-8).

Respecto al mismo tema de la espiritualidad cristiana, Pablo arguye que la gente que vive según los criterios humanos, o que fijan "la mente en los deseos de tal naturaleza" (Ro 8.5), van hacia la muerte. Sin embargo, las personas con mentalidad dirigida por el Espíritu descubren, aprecian y disfrutan la vida y la paz, que proviene de Dios. Y el apóstol añade que las personas que viven según la carne no tienen el Espíritu de Cristo, y si no tienen el Espíritu de Cristo, no son de Cristo (Ro 8.9).

Al revisar estas enseñanzas de Pablo, descubrimos que es el Espíritu la fuerza que mueve a los creyentes a vivir de conforme a los principios éticos, morales y espirituales que se revelan en las Escrituras y que se afirman y destacan en las enseñanzas de Jesucristo. Y fundamentado en esa revelación del Espíritu el apóstol indica:

> *En cuanto a los dones espirituales, hermanos,*
> *quiero que entiendan bien este asunto.*
> *Ustedes saben que cuando eran paganos se dejaban arrastrar hacia los ídolos mudos.*
> *Por eso les advierto que nadie que esté hablando por el Espíritu de Dios puede maldecir a Jesús; ni nadie puede decir: «Jesús es el Señor» sino por el Espíritu Santo.*
> 1 Carta a los Corintios 12.1-3 NVI

La enseñanza del apóstol es clara y sencilla: Nadie puede reconocer el señorío de Jesucristo sino es guiado y movido por el Espíritu Santo. El fundamento de esta enseñanza afirma que solo el Espíritu tiene el poder, la capacidad y el deseo de revelar el amor de Dios en el corazón de los creyentes, y únicamente el Espíritu incentiva el reconocimiento pleno y cierto de que Jesucristo es el Señor.

Referente al Espíritu, hay otras enseñanzas de Pablo que deben mencionarse. El Espíritu alienta y estimula a los creyentes a orar con intimidad paterno-filial (Ro 8.15; Gá 4.6). Además, el Espíritu da dones a los creyentes y las iglesias, para bendecir a las comunidades de fe (1 Co 12.1-30). Cabe destacar en esa lección paulina, aunque los dones espirituales son diversos, el Espíritu es uno, que es una manera de afirmar la importancia de la unidad cristiana.

Para culminar este análisis de las enseñanzas paulinas, no podemos ignorar ni subestimar que las manifestaciones del Espíritu tienen una dimensión comunitaria. Aunque la iglesia, que es el cuerpo de Cristo, tiene muchos miembros, debe permanecer unida en propósitos. Esta afirmación de Pablo es muy importante a la luz del desarrollo del evangelio en comunidades gentiles y en grupos étnicos, culturales y lingüísticamente diferentes. Y para el sabio apóstol, el fundamento indispensable de la unidad cristiana, que ya había sido identificada como importante en la oración sacerdotal de Jesús (Jn 17. 1-26), es el Espíritu.

> *De hecho, aunque el cuerpo es uno solo,*
> *tiene muchos miembros, y todos los miembros,*
> *no obstante ser muchos, forman un solo cuerpo.*
> *Así sucede con Cristo.*
> *Todos fuimos bautizados por un solo Espíritu*
> *para constituir un solo cuerpo*
> *—ya seamos judíos o gentiles, esclavos o libres—,*
> *y a todos se nos dio a beber de un mismo Espíritu.*
> 1 Carta a los Corintios 12.12-13

Los dones del Espíritu Santo

Uno de los temas más importantes referente a las enseñanzas del apóstol Pablo se relaciona con los dones espirituales. Esos dones son habilidades que el Espíritu Santo da a los creyentes para edificar a las iglesias y glorificar a Dios. El Espíritu bendice a los cristianos y las comunidades de fe con regalos o dones espirituales.

La importancia de los dones es evidente porque Pablo brinda al tema tres capítulos en su carta a los creyentes de Corinto (1 Co 12—14). En esa sección se presenta el corazón de su enseñanza en torno al tema. En esta importante enseñanza se pueden identificar por lo menos siete componentes fundamentales.

1. La soberanía divina: Aunque el apóstol reconoce que los creyentes deben buscar los dones espirituales (1 Co 14.1), destaca el tema de la soberanía divina, pues afirma que el Espíritu da los dones de acuerdo con su voluntad (1 Co 12.11). Esa enseñanza se nutre de la teología bíblica de soberanía, poder y autoridad de Dios.
2. El discernimiento espiritual: Es responsabilidad de los creyentes y las iglesias discernir el origen de los mensajes que se presentan y se identifican como provenientes del Espíritu (1 Co 12.3). Para el apóstol el criterio más importante es la continuidad teológica entre el Espíritu y Cristo. Nadie puede identificar a Jesucristo como Señor si no es guiado por el Espíritu.

3. La unidad del Espíritu y la diversidad en las iglesias: El apóstol reconoce que en las iglesias y entre los creyentes se manifiestan diversos dones, sin embargo, afirma y reitera que todas esas manifestaciones espirituales provienen únicamente del Espíritu, pues es un mismo Dios el que hace todas las cosas (1 Co 12.4-6). Asociado a este tema es importante señalar la importancia de la unidad en la iglesia que se fundamenta en la unidad del Espíritu. Diversos dones del mismo Espíritu se manifiestan para responder a los desafíos que deben enfrentar los creyentes.
4. La importancia del bien común: El propósito de los dones espirituales es el bien común de las iglesias (1 Co 12.4-6); es decir, la edificación de las comunidades de fe. El cuerpo de Cristo como un todo es bendecido por las manifestaciones de los dones que provienen del Espíritu.
5. La unidad y la diversidad: Un componente importante de las enseñanzas de Pablo a los corintios es que reconoce las diversas partes que componen un cuerpo, que en la carta a los corintios es el cuerpo de Cristo, la iglesia. En efecto, el cuerpo tiene diversas partes que se complementan para funcionar de manera óptima. Sin embargo, en medio de esa diversidad de funciones se destaca la unidad del Espíritu que es la fuerza divina unificadora (1 Co 12.12-13; Ro 12.4-5). Y en ese contexto de diversidad y unidad, todos los miembros del cuerpo de Cristo son importantes.
6. El fundamento de la efectividad de los dones espirituales es el amor: Las manifestaciones espirituales no son eficaces si no se fundamentan en el amor. Los dones que se ejercen sin amor pueden generar heridas y rupturas en el cuerpo. Y cuando se analiza la naturaleza del amor que articula el apóstol Pablo (1 Co 13.1-3), se entiende por qué es necesaria la intervención del Espíritu para alcanzarla.
7. Las profecías y el hablar en lenguas necesitan sobriedad, prudencia y madurez espiritual: Es necesario comprender que el apóstol Pablo recomienda a los creyentes buscar el amor y los dones del Espíritu, particularmente el de profecía, pues anhela que la iglesia reciba edificación (1 Co 14.1, 12, 39). Y las importancias de esa enseñanza apostólica son las siguientes:

a. Para las iglesias del primer siglo, la profecía, que describe el acto de hablar en nombre de Dios y presentar la voluntad divina, fue más útil que la glosolalia o el hablar en lenguas (1 Co 14.2-25). La profecía tiene como finalidad edificar, animar y educar a los creyentes.
b. El mensaje profético es una señal divina para que los incrédulos procedan al arrepentimiento (1 Co 12.22-25).
c. El hablar en lenguas o la glosolalia es un acto y manifestación de diálogo humano-divino. Quien se edifica es la persona que habla.
d. Cuando las lenguas se interpretan o traducen, entonces hay edificación en el resto de los creyentes. Hablar en lenguas en la iglesia sin una interpretación no edifican, a excepción solo al hablante (1 Co 14.5-12). Inclusive, cuando Pablo habla en lenguas, requiere que se interpreten, para que la iglesia sea edificada (1 Co 14.39).
e. De acuerdo con las enseñanzas paulinas, las iglesias no deben prohibir el hablar en lenguas (1 Co 14.39). El apóstol reitera que todo de hacerse de manera apropiada, incluyendo la adoración, y con orden (1 Co 14.26-39).
f. Las instrucciones para la glosolalia son precisas, de acuerdo con las enseñanzas paulinas: Deben ser dos, a lo más tres personas que hablen en lenguas, y se requiere la interpretación (1 Co 14.27-28).
g. Respecto a las profecías, Pablo recomienda que hablen dos o cuando más tres personas y por turno, y el resto de la iglesia debe evaluar y discernir el mensaje (1 Co 14.29-33). Además, el don de profecía está bajo el control de los profetas, es decir, el profeta debe tener dominio propio (1 Co 114.32-33, 40).

BIBLIOGRAFÍA

A continuación, presentamos una bibliografía selecta en torno a los escritos y enseñanzas del apóstol Pablo. Incluimos aquí solo libros a partir del año 1980 en adelante, aunque citamos algunas obras clásicas referentes al apóstol. Además, cabe resaltar los libros de N.T. Wright, E.P. Sanders, B. Witherington III.

Álvarez Verdes, L. *Caminar en el Espíritu. El pensamiento ético de San Pablo.* Roma, 2000.

Barbaglio, G. *Pablo de Tarso y los orígenes cristianos.* Salamanca, 1989.

Beker, J. Cristiaan. *Paul the Apostle*. Edingburgh: T. & T. Clark, 1980.

Bony, P. *San Pablo. El Evangelio sin ley.* Bilbao, 2000.

Bornkamm, G. *Pablo de Tarso.* Salamanca, 1982.

Bover, J.M. *Teología de San Pablo.* Madrid, 2008, reedición.

Bruce, F.F. *Pablo apóstol del corazón liberado.* Barcelona: Editorial Clie, 2012.

Davies, W.D. *Paul and Rabinic Judaism: Some Rabinic Elements in Pauline Theology*. 4th Edition. Philadelphia: Fortress Press, 1980.

Dunn, James D.G. *The Theology of Paul the Apostle.* Grand Rapids: Eerdsman, 1998.

Fee, Gordon. *God's Empowering Presence: The Holy Spirit in the Letters of Paul.* Peabody: Hendrickson, 1994.

Fernández Ramos, Felipe. (dir.). *Diccionario de San Pablo.* Burgos: 1999.

Gnilka, J. *Pablo de Tarso.* Barcelona: 1998.

Gutierrez Martín, D. *Pablo. Perfil sicológico de un apóstol.* Madrid: 1999.

Heyer, C.J. den. *Pablo. Un hombre de dos mundos.* Córdoba: 2003.

Horsley, Richard. *Paul and Politics: Ekklesia, Israel, Imperium, Interpretation.* Harrisburg: Trinity Press International, 2000.

Kasemann, Ernst. *Commentary on Romans.* Grand Rapids: Eerdsmans, 1980.

Kim, S. *The Origin of Paul's Gospel.* Tubingen: Mohr Siebeck, 2002.

Maggioni, B. *El Dios de Pablo y el evangelio de la gracia.* Madrid: 2008.

Martyn, J. Louis. *Theological Issues in the Letters of Paul.* Nashville: Abingdon Press, 1997.

Muñoz Iglesias, Salvador. *Por las rutas de San Pablo.* Madrid: Ediciones Palabra, 2008.

Pastor-Ramos, Federico. *Para mí, vivir es Cristo: Teología de San Pablo. Persona, experiencia, pensamiento, anuncio.* Estella (Navarra): Editorial Verbo Divino, 2010.

Ridderbos, Herman. *Paul: An Outline of his Theology.* Grand Rapids: Eerdsmans, 1997.

Roetzel, Calvin J. *Paul a Jew on the Margins.* Louisville: Westminster John Knox Press, 2003.

Sanders, E.P. *Paul and Palestinian Judaism: A Comparison of Patterns of Religion.* London: SCM Press, 1977.

Stendahl, Krister. *Paul among Jews and Gentiles and Other Essays.* Philadelphia: Fortress Press, 1976.

Vidal, S. *El Proyecto mesiánico de Pablo*. Salamanca: 2005.

--. *Pablo. De Tarso a Roma.* Santander: Sal Terrae, 2007.

Witherington, Ben III. *The Paul Quest. The Renewed Search for the Jew of Tarsus.* Downers Grove: InterVarsity Press, 1998.

Wright, N.T. *Paul.* Minneapolis: Fortress Press, 2005.